게이미피케이션

변화를 위한 최고의 엔진

서평

앞으로의 대한민국은 세대와 시대를 연결하는 새로운 솔루션과 프로세스가 필요합니다. 시대의 변화는 산업뿐만 아니라 시대를 대표하는 갈등의 양상도 바꿔 놓았습니다. 과거에는 여러 세대가 함께 어울리고 소통하는 데 큰 문제가 없었습니다. 물론 지역 갈등과 각종 이합집산에 의한 충돌은 더 많았을 수 있습니다. 하지만, 교통망의 확대와 기술의 발전을 통해 지역성이 점차 약화하고, 사회가 전반적으로 투명해지면서 눈앞에 보이는 거대한 갈등은 점차 해소되었습니다.

대신, 지금 시대는 기존에 없던 새로운 갈등을 마주하고 있습니다. 개개인의 잘못으로 인한 갈등이 아닌, 고령화 현상의 보편화로 인한 세대의 갈등입니다. 아날로그 세대와 오로지 디지털만을 경험한 세대, 그리고 변화를 경험한 과도기 세대로 나뉘어 있습니다. 여기에 점차 우리의 삶에 들어오고 있는 '가상공간', '무인화', '자동화'의 세대까지. 이러한 변화는 앞에서 언급한 각 세대 간의 갈등과 문제를 의도치 않게 더욱 부추기고 있습니다.

동시에 지금의 세상은 판이 바뀌었습니다. 관심이 자원이 되고 돈이 되는 시대가 도래했습니다. 조회 수에 열광하고 동시접속자의 유지상황에 따라 주가가 요동칠 수 있는 시대입니다. 이런 상황에서 게임은 누구나 거부감 없이 접근할 수 있습니다. 이런 이유로 게이미피케이션은 많은 문제와 갈등의 해법 중 하나가 되어, 시대의 중심으로 나아갈 것입니다. 기승전결과 맥락이 있는 시대를 넘어 '난맥락'의 시대를 향하고 있는 상황에서, 전 세대를 아우를 수 있는 게이미피케이션의 역할은 더욱 커질 것입니다.

하지만 산업과 일상의 영역에 게임의 문법을 적용하고, 이를 통해 관심을 끌어내며 지속가능한 게이미피케이션 프로세스와 솔루션을 찾고 배우기는 쉽지 않습니다. 이 책을 통해 세대의 갈등을 봉합하고, 산업의 역량을 극대화할 수 있는 게이미피케이션을 찾는 분들에게는 확실한 영감을 줄 수 있다고 확신합니다. 게이미피케니다. 실행하면 됩니다. 모든 도전은 존경받을 가치가 있습니다. 당신의 도전을 응원합니다.

시작하는 방법은 그만 말하고 이제 행동하는 것이다.

『 월트 디즈니 』

한국게임화연구원

석 주 원 소장

시작하며   **012**

다 잡아야 돼   014
게임루프   016
간단하게 하라니까!   017
게임 플랜   018
게임스톰(GameStorm)   020
목표
장애물
행동
점수

LEVEL 1
비즈니스 경기장

비즈니스 경기장 매핑   033

Level 1.1   외부 비즈니스 경기장   **036**

경쟁자   037
뜻밖의 일
유통의 급속한 증가
직접 자본

소비자 043
충성도는 과거의 일
소유보다는 접근성
피드백의 양면

미래의 동료 049
유입
흐름
ㄴ 모바일 통신 회사
유출

Level Up Level 1.1 요약 – 외부 비즈니스 경기장 060

Level 1.2 내부 경기장 061

배경 062
구조 063
시스템 066
시스템이 구조를 유지한다
시스템보다 중요한 협업

참여 070
ㄴ 스니커즈 소매업자

게임규칙 075
기록된 규칙
ㄴ 케이블회사
기록되지 않은 규칙
ㄴ 가치 도전 게임

Level Up Level 1.2 요약 – 내부 비즈니스 경기장 083

LEVEL 2
목표

Level 2.1 점수 매기기 모델로 목표 피라미드 구축 088

Level 2.2 사분면당 목표 설정 전환 094

최대한 스마트(SMART)하게 096

Level 2.3 행동 루프로 전환 101

유명 게임의 루프 101
어쌔신 크리드(유비소프트)
캔디크러쉬(킹게임즈)
동키콩(닌텐도)

부서를 행동 루프로 전환 104

Level 2.4 기획 112

Level Up Level 2 요약 – 점수 모델로서의 목표 피라미드 114

LEVEL 3
플레이어

Level 3.1 영향을 미치는 플레이어들 — 118

외부 플레이어 — 118
경쟁자
소비자
전략적 파트너
슈퍼마켓 점보(Jumbo)의 7가지 확실한 보장

내부 플레이어 — 126

Level 3.2 해야 할 일 또는 하지 말아야 할 일, 그것이 문제로다 — 128

Level 3.3 학습 민첩성 향상 — 132

실행에 영향을 미치는 요소: 원하다 — 136
실행에 영향을 미치는 요소: 알다 — 138
수준별 학습
실행에 영향을 미치는 요소: 가능하다 — 142
기획
제작
판매
개선
실행에 영향을 미치는 요소: 도전하다 — 147
실행에 영향을 미치는 요소 정리 — 150

Level Up Level 3 요약
– 플레이어: 원하다, 알다, 가능하다, 도전하다   151

LEVEL 4
진행 루프

Level 4.1 내부 진행 루프   157

개선의 단계   163
시간 재분배   165
규율의 상호작용   166
    └ 전략적 단계의 실제 사례
전술적 단계로 전환   171
운영적 단계로 전환   174

Level Up Level 4.1 요약 – 내부 진행 루프   177

Level 4.2 외부 진행 루프   177

구매   180
    └ 모바일 피드백 애플리케이션
사용   183
    └ 사용자 경험 피드백
소비   185
적응   186

Level Up Level 4.2 요약 – 외부 진행 루프   188

Level 4.3 진행 루프(전체) — 188

Level 4.4 지속적인 개선을 위한 피드백 활용 — 193

    아날로그 피드백 디지털화 — 193

    디지털 피드백 사용 — 195

Level Up   Level 4 요약 – 진행 루프 및 피드백   197

LEVEL 5
성과

Level 5.1 성과 매칭 — 201

    간략한 설명

Level 5.2 피드백 수치화 — 208

Level 5.3 게임스톰을 이용한 행동 영향 측정 — 209

Level Up   Level 5 요약 – 성과는 점수를 매기는 것이다   212

LEVEL 6
플레이

Level 6.1 게임화 시스템 개발　　216

- **목표**　　219
- **대상그룹**　　220
- **컨셉트**　　221
  - 압박의 힘
- **컨텍스트**　　230
- **콘텐츠**　　232

Level Up　Level 6.1요약 - 게임화 캔버스　　233

Level 6.2 변화를 촉발하는 실제 게임화 사례　　234

- **판매 직원의 지속적인 개발에 따른 매출 증대**　　235
  - 피드백 적용
  - 기능성 게임
- **외부 콜센터 개발에 따른 매출 증대**　　239
- **협업의 유용성에 대한 통찰력을 제공하여 비용 절감**　　243
- **실패율 감소에 따른 비용 절감**　　249
  - 플레이어 배틀
  - 핵심 교훈
  - 현실에 미친 영향
  - 이익 vs 비용

Level Up Level 6 요약 – 변화를 시작하라! 261

LEVEL 7
판도를 바꾸다

Level 7.1 한 번 더 게임 플랜 266

Level 7.2 플레이어, 목표, 성과 268

Level 7.3 목표 피라미드를 이용한
점수 모델 결정(이전) 273

Level 7.4 프로세스 최적화(지금) 274

Level 7.5 성과 측정 개선(이후) 275

Level Up ?! 275

시작하며

1999년 학교를 졸업한 이후, 지금까지 몇십 년 동안 내 마음 한구석에는 비즈니스 조직에 새로운 조직 모델이 필요하다는 생각이 항상 자리잡고 있었다. 과거에는 질이 조금 떨어진다 해도 제품을 판매하는 데 큰 문제가 없었지만, 요즘에는 품질을 최상으로 충족시켜야 하며, 해마다 업그레이드를 진행할 수 있어야 한다. 하지만 모든 기업이 이 상황에 준비되어 있는 것은 아니다. 지속적인 혁신 채비를 갖추지 못한 기업이 훨씬 더 많다. 피드백이 일관되게 수집되고 유기적, 즉각적으로 구현할 수 시스템은 더더욱 말할 것도 없다.

프로세스도 제품이라 할 수 있다. 우리는 프로세스가 작동하는 방식 즉, 일하는 방식을 개선할 필요성이 그 어느 때보다 큰 시대에 살고 있다. 국제화를 둘러싼 지속적이고 광범위한 노력 덕분에 비즈니스 세계는 더욱 빠르게 변화하고 있다. 이러한 추세는 모바일 인터넷 시대를 거치면서 더욱 가속화되었고, 언제 어디서든 사람과 사람을 연결할 수 있는 세상을 만들었다. 비즈니스 시장은 더욱 투명해졌고 소비자들 역시 더욱 분별력을 갖추었다. 이제 더이상 브랜드 충성도는 예전처럼 중요하지 않다. 언제 어디서든 새로운 경쟁자가 느닷없이 나타날 수 있기 때문이다.

전문화된 애플리케이션을 개발한 신생 기업이 갑자기 등장해 관련 업계를 분열에 빠뜨릴 수도 있다. 실제로 문자메시지 산업에선 왓츠앱(WhatsApp)이, 택시 산업에선 우버(Uber)가 이런 역할을 했다. 만약 조직이 트렌드를 예측하지 못하고, 대응 시간을 개선하지 못하고, 비즈니스 세계에서 일어나는 변화를 파악하지 못한다면 어느 날 갑자기 낙오하거나 뒤처질 가능성이 높다.

이 책은 이런 상황을 대비해서 조직, 부서 혹은 개인을 변화시키길 원하는 사람들을 위해 쓰여졌다. 더 구체적으로는 게임화(gamification)에 관련된 책이다. 끊임없이 변화하는 변덕스러운 세상에서 게임화는 어떤 도움을 줄 수 있을까? 게임화는 우리가 일하는 방식과 무슨 관계가 있을까?

게임에는 사람들이 그전에는 결코 가능하지 않다고 생각했던 방향으로 사람을 움직이게 만드는 힘이 있다. 게임은 플레이어가 도전하고 그들이 계속 나아갈 수 있도록 습관과 동기를 부여한다. 게임 디자인은 우리가 지속적으로 개선해야 하는 핵심이 무엇인지, 그리고 우리의 동기가 무엇인지에 초점을 맞춘다. 게임을 플레이하는 사람들은 지속적으로 레벨업을 하며 발전하고 있는지 확인하고 싶어한다. 앞으로 이러한 게임 디자인, 게임 프로세스에 대해서 하나하나 살펴볼 것이다.

다 잡아야 돼

2016년 7월, 닌텐도(Nintendo)는 모바일 게임 〈포켓몬고〉를 출시했다. 증강현실을 이용해서 현실에서 나타나는 포켓몬을 잡는 이 게임은 출시된 지 3주 만에 역사상 가장 많이 다운로드가 된 모바일 게임이 되었다. 네덜란드만 해도 거의 2백만 명에 가까운 사람들이 이 게임을 플레이했다. 다시 말해 전체 인구의 10%가 이 게임을 한 것이다. 아이든 성인이든 나이와 상관없이 그리고 배경, 인종, 부의 여부와 관계없이 수많은 사람이 이 게임에 빠져들었다. 포켓몬고가 출시되기 전에는 그 누구도 길거리에서 증강현실 속 생명체를 잡기 위해 가상의 공을 던지리라는 생각을 못 했지만, 2016년 7월 이후로는 수많은 사람이 가상의 몬스터를 잡기 위해 거리로 쏟아져 나왔다.

이 게임은 오직 하나의 동기에만 초점을 맞춘다. 바로 물건을 모으고 세트를 완성시키길 원하는 욕구다. 게다가 포켓몬은 많은 사람이 어떤 형태로든 접해본 적 있을 정도로 이미 잘 알려진 브랜드였고 그것이 이 게임의 인기 가도에 한몫했다.

포켓몬고는 적절한 도전 요소와 모든 포켓몬을 잡아야 한다는 커다란 목표로 구성되어 있다. 포켓몬은 숨겨져 있고, 플레이어는 그들을 찾아야 한다. 따라서 플레이어는 모든 포켓몬을 모으기 위해 다양한 도전과 장애물을 극복해야 한다. 이것은 거리로 나가 포켓몬을 찾고 가상의 공을 던져서 포켓몬을 잡는 것을 의미한다. 플레이어들은 백 종류 이상의 다른 포켓몬을 잡아 그들의 컬렉션에 추가할 수 있다. 심지어 같은 포켓몬의 복제품을 수집하는 것도 가능하다. 그리고 이 포켓몬들은 사람과 마찬가지로 체육관에서 훈련을 받고 다른 포켓몬 플레이어들과 전투를 할 수 있다. 다양한 장애물을 극복하기 위해 목표를 설정하고 진행에 필요한 다양한 조합을 시도하는 것이 이 게임을 매우 특별하고 재미나게 만든다.

포켓몬고처럼 흥행한 게임은 플레이어들의 관심을 끌 수 있는 게임 디자인 요소가 있다. 그 가운데 플레이어가 계속해서 참여하게끔 만드는 게임 디자인 요소는 게임이 제공하는 지속적인 피드백이다. 좋은 게임은 플레이어에게 그들이 취하는 각각의 행동에 대해 질적, 양적으로 피드백을 전달한다. 피드백은 청각, 시각, 때로는 촉각으로 전달된다. 가령 휴대폰 진동은 촉각 피드백의 한 예이다. 이러한 지속적인 피드백 시스템 덕분에, 플레이어는 어떤 행동이 명시된 목표와 도전에 일치하는지, 또는 어떤 행동이 전혀 영향을 미치지 않는지에 대해 의식적 또는 무의식적으로 배운다. 이를 통해 플레이어의 학습 능력이 조용히 길러진다.

플레이어는 지속적인 피드백을 겪으며 다양한 상황에서 어떤 행동이 어떤 결과를 가져오는지 배운다. 당연히, 수행된 행동의 결과는 플레이어의 수준에 따라 달라질 수 있다. 피드백이 오가는 게임 내 상호작용은 플레이어가 계속해서 게임에 참여할 수 있도록 독려한다. 이것은 일종의 '게임 루프'

이고 이 루프의 흐름에 효과적으로 빠진 플레이어는 게임 플레이를 유지하기 위해 지속적으로 노력한다.

게임루프

인기를 끈 많은 게임이 생각보다 단순한 구조를 가지고 있다. 앵그리 버드, 캔디크러쉬, 테트리스 같은 게임들이 그러한데 이 게임들은 매우 간단한 게임 루프를 가진다. 게임 루프는 플레이어가 목표를 달성하기 위해 행하는 지속적이고 논리적인 행동들의 패턴이다. 방금 말한 게임들의 루프는 다음처럼 요약할 수 있다.

- 돼지를 잡기 위해 새를 총알처럼 날린다 - 앵그리버드
- 캔디를 없애기 위해 다양한 색상의 캔디를 3열로 묶는다 - 캔디크러쉬
- 블럭을 없애기 위해 블록의 위치를 배열하고 조합한다 - 테트리스

〈모노폴리〉라는 게임도 있다. 이것은 테이블을 놓고 가장 부유한 사람이 되기 위해 플레이어끼리 겨루는 게임이다. 게임 루프는 다음과 같다. 주사위를 던지고 주사위 숫자에 해당하는 만큼 자신의 말을 움직인다. 말이 멈춘 곳에는 플레이어가 행해야 할 내용이 적혀 있다. 예를 들어, 땅을 사거나 요금을 내는 것이다.

게임 루프에는 목표 달성을 위해 플레이어가 행해야 할 일련의 조치들이 있다. 목표와 목표 달성을 위해 필요한 작업 간의 확실한 조합은 플레이어에게 명확성을 부여하고, 동시에 제어 및 영향력의 감각을 제공한다. 플레이어는 무엇을 기대할 수 있는지 정확히 알고 있다. 이러한 일상적인 행동과 선택을 수행함으로써 플레이어는 게임을 진행시킨다.

사람들의 일상생활은 습관과 반복 행위로 특징지어진다. 반복은 개인이 특정 활동을 수행하는 데 있어 훨씬 더 효율적으로 기능한다는 장점을 가진다. 그런 관점에서 게임은 습관을 바꾸고 조직의 능력을 향상시키는 데 매우 탁월한 수단이라 할 수 있다. 직원들의 행동에 대한 피드백이 정기적, 건설적 그리고 확실하게 주어진다면, 조직은 결국 '자기 관리'가 가능한 유기적 구조체가 될 수 있을 것이다.

간단하게 하라니까!

좋은 게임은 핵심이 간단하다. 목표를 달성하기 위해 플레이어가 행해야 할 도전 요소가 있고, 도전을 위한 행동의 조합이 있다. 그 자체가 이미 플레이어에게 충분한 동기를 제공한다. 또한 목표 달성에 건설적이거나 반대로 파괴적인 피드백이 제공된다. 이것은 플레이어의 학습에 영향을 미친다. 진행 상황은 보통 점수로 수치화되어 나타난다. 그리고 이 모든 것 안에서 플레이어가 수행할 수 있는 모든 가능한 활동에 대한 질서 있는 개요가 있다.

전체 활동을 볼 수 있는 이 구조는 복잡하지 않고, 오히려 간결하며 우아하기까지 하다.

이러한 견해는 당연히 비즈니스 세계의 다양한 모델과 상충된다. 기업은 자신이 고안한 솔루션으로 이익을 얻기 위해 비즈니스를 가능한 한 복잡하게 만들거나 최소한 복잡하다는 인상을 심어주기 위해 노력하고 있다. 마치 국제사법제도가 변호사와 판사를 영원히 바쁘게 한다는 단 하나의 목적을 가진 것으로 보이는 것처럼 말이다. 법과 법률은 통제에 대한 환상을 심어주기 위해 존재하는 것으로 보인다. 그러나 이러한 내용은 이 책의 목적도, 이 책에서 배울 수 있는 교훈도 아니다.

이 책은 비즈니스 세계에서 중요한 다섯 가지 요소가 무엇인지, 어떻게 하면 그 요소를 단순화시킬 수 있는지, 그리고 꼭 필요한 변화를 어떻게 재미있고 효과적으로 수행할 수 있는지를 게임 사고를 통해 보여주고자 한다.

게임 플랜

이 책은 점점 경쟁이 심해지고 변화가 빠른 비즈니스 세계에서 아직 기업의 프로세스가 이에 맞게 제대로 설계되지 않았음을 인식하는 CEO 및 관리팀 그리고 조직의 혁신을 다루는 개인 혹은 팀을 대상으로 한다. 기업이 프로세스를 개선하여 구조적으로 조직화하면 민첩성과 탄력성이 지속적으로 성장할 수 있다.

이 책에서는 그러한 개선을 돕기 위해 '게임 플랜'이라는 도구를 사용할 것이다. 게임 플랜은 목표, 플레이어, 프로세스, 성과, 실행이라는 5가지 요소로 구성되며, 각각의 요소는 서로 상호작용하며 영향을 미친다.

기업의 변화 능력을 높이는 게임 플랜은 다음과 같이 구성된다(그림 0.1 참조).

❶ 비즈니스가 벌어지는 장소를 시각적으로 묘사한다.
❷ 조직의 점수 모델로 피라미드 모형을 구축한다.
❸ 직원들에게 변화를 어떻게 생각하며, 변화가 어떻게 일어날 지를 정의하게 한다.
❹ 조직 내부 및 외부 활동을 지속적으로 최적화하여 '변화'가 프로젝트 기반 접근 방식에서 개선 프로세스로 발전할 수 있 도록 한다.
❺ 성과 측정 및 피드백의 점수를 결정한다. 조직과 직원 행동의 영향, 또는 필요에 따라 변경할 수 있다.
❻ 필요한 변화들을 촉진하기 위해 반복적으로 실행한다.

이 게임 플랜은 정적이고 수동적인 조직에서 역동적이고 능동적인 조직으로 전환하는 데 도움을 주는 도구다. 피드백에 기반해서 반응하는 것이 조직 변화의 핵심이다.

지금 당장은 게임 플랜이 무엇인지 이해하기 어려울 것이다. 하지만 괜찮다. 앞으로 계속해서 이와 관련된 내용을 설명할 것이다. 책을 모두 읽고 난 뒤에는 게임 플랜이 훨씬 더 친밀하게 느껴질 것이다.

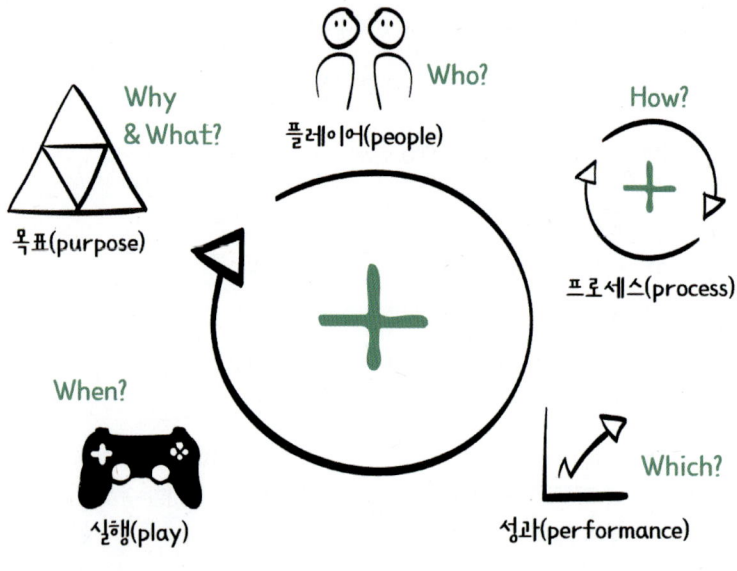

그림 0.1 게임 플랜

게임스톰(GameStorm)

게임 플랜을 구체적으로 살펴보기 전에 먼저 게임스톰(GameStorm)에 대해 알아볼 필요가 있다. 게임스톰은 앞으로 이 책에서 배우게 될 게임화에 대한 기초 방법론이다. 게임 플레이어가 피드백을 통해 게임을 더 잘하게 되는 것처럼, 조직 또한 그러한 피드백을 배워서 조직을 구조적으로 개선하는 데 도움을 얻을 수 있다.

게임 메커니즘을 활용하면 직원들에게 동기를 부여할 수 있고, 이 동기는 일에 즐거움과 능률을 더한다. 그러면 어떻게 게임 메커니즘을 활용할 수 있을까? 게임스톰은 게임 메커니즘을 기반으로 하여 조직을 구성할 수 있는 방법을 알려주는 효과적인 도구다.

이 방법론은 우리를 찾아오는 고객들이 기능성 게임이나 게임화 시스템 개발에 관한 명확한 아이디어가 없는 경우가 많기 때문에 만들어졌다.

우리는 많은 기업들 혹은 조직원들을 대상으로 게임화에 대한 이해도를 돕고 그들을 위해 게임화 관련 자문 및 제품 서비스를 개발하는 역할을 한다. 우리는 유럽에서 가장 큰 스포츠 어패럴 및 운동화 소매유통회사를 대상으로 세션을 수행했었다. 아래 그림 0.2는 이와 관련하여 '변화를 위한 게임플랜'의 결과와 3개월 뒤에 수행해야 할 9가지 행동들을 보여주는 사진이다. 이 세션은 우선 40명의 유럽 지역관리자와 해당 지역의 다른 매장관리자들을 훈련시키는 64명의 매니저 트레이너, 유럽 전역의 860명의 매장관리자들을 대상으로 하였다.

흥미로운 게임을 개발하려면 직원의 두 가지 행동 패턴, 즉 바람직한 행동과 바람직하지 않은 행동이 있어야 한다. 바람직한 행동은 게임을 진행시키는 반면, 바람직하지 않은 행동은 목표에 방해가 된다. 우리는 이것을 파괴적이라고 표현한다. 일반적으로 사람들은 후자에 관해선 논의하기를 원하지 않는다. 그래서 브리핑을 대신하는 대신, 게임스톰이라는 재미난 출발점을 만들었다.

그림 0.2 게임스톰을 진행하는 실제 모습

조직을 개선하는 기초 단계는 게임스톰에서 시작된다. 해당 조직의 직원 6명이 이 작업에 참여하며, 이들은 조직의 여러 단면을 대변하는 사람으로 구성하는 게 바람직하다. 종종 조직 개선 프로젝트 관리팀 또는 운영위원회가 이 게임스톰에 직접 참가하기도 한다. 게임스톰은 사실 반나절 동안 이루어지는 일종의 브레인스토밍 과정으로, 그 안에는 시간 압박과 플레이 영역이라는 게임 디자인 요소가 포함되어 있다. 이 과정에서 다양한 색상의 포스트잇이 사용된다.

　게임스톰을 시작하기 전에 직원들은 본인의 비즈니스 활동에 대해 조금 더 설명할 필요가 있다. 여기서는 내부 및 외부 참여자가 모두 포함되므로 조직과 관련하여 다양한 이해관계자와 그들의 역할에 대한 이미지가 만들어진다. 이 소개를 하는 동안 우리는 앞으로 만들 게임화 시스템 혹은 기능성 게임을 누구를 대상으로 할지, 어떤 종류의 목표를 추구할지, 그리고 게임을 플레이하는 사람들의 수는 어느 정도일지를 예상한다. 이것은 게임스톰 그룹의 문제 상황에 대한 복잡성과 범위에 대한 통찰력을 준다.

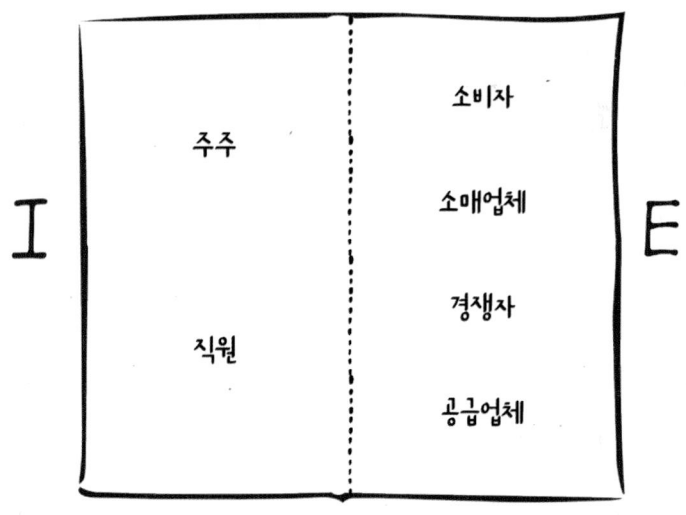

그림 0.3 비즈니스 경기장　　　　　　　　　　　　　　　　　*I = 내부 E = 외부

목표

소개가 끝나면 추구하는 목표가 무엇인지 묻는다. 다른 분야의 직원 6명이 테이블에 앉아 있고 적어도 6가지의 다른 목표가 테이블에 놓였다고 상상할 수 있다. 앞의 그림에선 4개의 사분면으로 '비즈니스 경쟁이 펼쳐지는 영역'을 표시하였는데, 이 책에서는 앞으로 이 영역을 '비즈니스 경기장'이라고 표현할 것이다. 플레이어는 염두에 두고 있는 대상 그룹에 따라 내부(I-internal) 또는 외부(E-external)를 선택해야 한다. 대상 그룹은 플레이어가 영향을 미치고 싶은 상대를 의미한다. 대상 그룹이 내부라면 직원에 관한 관심이고, 외부라면 소비자, 경쟁자 또는 기타 대상 그룹에 관한 관심일 수 있다.

일단 대상이 결정되면, 플레이어는 조직의 이익과 수익 증대를 지원하는 행동 방침, 그리고 비용을 낮추는 행동 방침 중 하나를 선택해야 한다. 수익의 증가 또는 비용 절감 방법은 게임 플레이어에 의해 결정된다. 예를 들어 "향후 10주 사이에 영업 지점의 판매량 10% 증가"가 목표가 될 수 있다. 정해진 목표는 보라색 포스트잇에 적어 경기장에 놓는다.

장애물

그럼 다음 모든 플레이어는 그들의 주요 목표를 달성하는 것을 어렵게 만드는 3가지 장애물을 정확히 적어야 한다. 장애물을 정의하기 위한 전제 조건은 조직의 직원들이 장애물에 영향을 미칠 수 있어야 한다는 것이다. 기록된 모든 장애물은 게시판에 배치되며, 가능하면 플레이어가 투표할 수 있는 도전 과제(6-9개)는 한데 모은다. 그런 다음 가장 지배적인 3가지 장애물을 노란색 포스트잇에 써서 경기장에 놓는다.

행동

그런 다음 참여한 6명을 파괴자와 창조자 두 팀으로 나눈다. 이제부터 파괴자는 30분 동안 장애물을 유지시켜 주는 기존의 파괴적인 행동을 기록한다. 창조자는 장애물을 제거하거나 도전을 극복할 수 있는 건설적인 행동에 대해 30분 동안 생각한다.

30분 후, 두 팀은 같은 방으로 돌아와 그들이 발견한 것을 토론한다. 그런 다음 각 팀은 관련 장애물에 대한 파괴적 혹은 건설적 조치를 각각 제시한다.

제시된 모든 행동 또는 활동 중에서 반대팀이 아이디어 3개를 선택한다. 파괴자는 장애물당 창조자 아이디어 중 3개를 선택하고 그 반대도 마찬가지다. 그리고, 30분 정도 프리젠테이션 후에, 각 아이디어별로 3개의 행동들을 선택한다. 이렇게 하면 변화를 돕는 행동 9개와 이를 방해하는 행동 9개가 정해질 것이다.

여기서 만들어진 건설적 혹은 파괴적 행동은 결국 변화를 돕기 위해 개발될 게임화 시스템의 기초를 형성한다. 또한 조직의 각 구성원이 향후 9주 동안 도전할 상위 9개의 우선순위가 될 수 있다. 필요한 변화에 도전하기 위해 항상 게임을 개발할 필요는 없다. 게임스톰에서 지정된 행동으로 시작할 수도 있다.

가장 많은 행동을 한 팀이 가장 많은 점수를 받는다. 할당된 시간 내에 작성한 모든 작업을 설명할 수 있는 팀도 보너스 점수를 받는다. 건설적(시작) 행동은 녹색 포스트잇에 기록되고 경기장에 배치된다. 파괴적(정지) 행동은 빨간색 포스트잇에 기록되고 경기장에 배치된다. 대체로 경기장에서 쓰이는 포스트잇 색상은 4가지여야 한다.

- 보라색 - 목표
- 노란색 - 장애물
- 녹색 - 바람직한 행동(시작 행동)
- 빨간색 - 바람직하지 않은 행동(정지 행동)

9개의 시작 행동과 9개의 정지 행동에 각각 우선순위를 부여하고 1부터 9까지의 숫자를 포스트잇에 적어 표시한다. 플레이어들은 그들 자신을 위한 행동을 주장할 수 있고 종이에 쓰여진 주에 행동을 실행에 옮길 수 있다(게임화 시스템을 개발할 경우에는 게임화 시스템에 따로 행동을 실행할 수 있다). 즉 1번 포스트잇에 적힌 행동은 게임스톰이 끝난 다음 주에 실행될 것이고, 2번은 그 다음 주에 시작하는 식이다. 이렇게 하면 변경 사항을 쉽게 파악할 수 있다.

기능성 게임이나 게임화 시스템을 개발하여 우선순위를 지정하면 플레이어의 눈에는 어떤 행동이 가장 중요한지 명확하게 보인다.

점수

게임스톰 세션의 마지막 단계는 공식화된 변경 조치의 잠재적 영향을 결정하는 것이다. 이 단계에서는 질적 영향과 양적 영향을 모두 고려한다. 예를 들어, 질적 효과는 다음처럼 구성할 수 있다.

- 더 좋거나 더 시기적절한 정보
- 고객 및 직원 만족도
- 브랜드 인지도 및 브랜드 충성도

양적 효과는 보통 연간 유로 단위로 표현된다. 조직이 더 만족스러운 직원을 원하든 자원과 자산에 대한 더 나은 통찰력을 원하든 간에, 궁극적으로 이것은 수익으로 드러나야 한다. 모든 조치의 잠재적 영향은 결국 목표와 비교하여 조치가 실제로 목표에 기여할 것인지 여부로 파악되어야 한다. 이는 게임스톰에서 결정된 행동, 즉 공식화된 조치가 실제로 영향을 미치는지 확인하기 위해 수행된다.

위의 예에서 목표는 "향후 10주 사이에 영업 지점의 판매량 10% 증가"였다. 이를 위해 제시된 모든 행동은 실제로 어느 정도의 성과로 이어지는지 예측하기 위해 점수로 계산되어야 한다. 계산된 점수는 파란색 포스트잇에 적고 경기장에 배치한다.

이렇게 6명의 동료들과 반나절 동안 게임을 하고 난 후에는 조직 개선을 위해 필요한 계산된 사업 계획이 도출되어야 한다. 이 계획은 기능성 게임이나 게임화 시스템으로 만들거나 아니면 단순히 테이블에서 지정한 행동을 함으로써 실행될 수 있다. 게임에서 목표, 도전, 실행, 점수는 플레이어의 행동이 어떤 영향을 주는지 파악하기 위해 사용한다.

요약하자면 다음과 같다. 게임스톰을 할 때는 다음 측면을 검토해야 한다.

❶ 경기장(비즈니스 경쟁 분야)에 영향을 미치는 다양한 이해관계자의 유형을 이해한다.

❷ 가장 시급한 목표를 정의한다. 나머지는 다음 분기에 논의하기 위해 보관한다.

❸ 목표 달성을 어렵게 만드는 상위 3가지 장애물을 확인한다.

❹ 원하는 변화에 영향을 미치는 상위 9개의 건설적인 행동, 그리고 부정적인 영향을 주는 상위 9개의 파괴적인 행동을 선정한다.

❺ 조직 내 새로운 행동의 잠재적 성과(점수)를 계산한다.

❻ 게임 또는 게임화된 시스템에 무엇이 다시 들어가야 하는지, 게임 개발하지 않는다면 누가 어떤 조치를 취해야 하는지 1에서 9까지 우선순위를 지정한다.

게임스톰의 다양한 요소들은 게임 플랜의 여러 단계에서도 논의된다.

이 책에서 내가 스스로 묻고 답해야 할 질문은 다음과 같다.

직원들이 마치 게임을 하는 것처럼 즐겁게 일할 수 있다면 어떨까? 게임 세계의 조직처럼 유연하게 적응할 수 있는 조직을 만들 수 있을까? 이를 위해 조직은 무엇을 해야 하는가? 게임의 어떤 점이 변화 프로세스를 적합하게 만드는가? 그리고 조직의 변화 능력을 체계적으로 높이기 위해 이러한 프로세스를 어떻게 사용할 것인가?

앞으로 그 답을 찾기 위한 여정을 시작할 것이다.

LEVEL 1

비즈니스 경기장

"당신은 자신의 미래를 결정하기 위해
운전석에 앉아 행동을 취해야 한다."

많은 대형 브랜드와 소매점들이 활기를 띠지 못하고 무너지고 있다. 도태되는 많은 기업은 업계에서 가장 영향력 있는 경쟁자가 무엇을 하는지, 또 소비자가 무엇을 원하는지 주의를 기울이지 않는 경우가 많다. 게다가 사용하는 많은 전략이 과거의 지식을 기반으로 한다. 그 오래된 지식은 지금의 새로운 시대를 따라가지 못한다. 비즈니스 경기장은 그 어느 때보다 빠른 속도로 변화하고 있으며, 이러한 변화는 계속 가속될 것이다.

조직이 지속적으로 존립하기 위해 가장 중요한 전제 조건은 변화에 대처하는 유연성과 변화할 수 있는 능력을 갖추는 것이다. 우리는 이것을 '민첩성' 또는 '회복탄력성'이라고 부르는데, 이는 지속적으로 실행되고 개선되어야 하는 요소다.

변화 관리의 영역에서는 분열이라는 용어가 더 자주 사용되고 있다. 왓츠앱(WhatsApp)과 우버(Uber)와 같은 회사는 전체 산업이 어떻게 분열에 빠질 수 있는지 보여주는 흥미로운 사례다. 조직은 수요와 공급의 변화에 더욱 빠르고 효과적으로 대응해야 한다. 세상의 새로운 변화나 발전에 사업은 영향을 받을 수밖에 없다. 변화는 새로운 제품, 새로운 유통 방법, 소비자 동향, 비즈니스 모델 등이 될 수 있다.

이러한 변화가 비즈니스 경기장의 내부 또는 외부 요인에 의해 시작했는지는 중요하지 않다. 경쟁의 장은 항상 변하고 있고 그 변화는 훨씬 더 빠르게 일어나고 있다.

비즈니스 경기장 매핑

만약 어떤 조직이 그들의 일터에서 직원들에게 영향력을 행사하기를 원한다면, 먼저 매 분기마다 가장 중요한 직원이 누구인지부터 파악해야 한다. 그렇다면 여기서 질문은 이것이다. "누가 조직의 지속성에 가장 큰 영향을 미치며 그 영향을 어느 정도인가?"

경영학 관점에서 비즈니스 경쟁 분야는 두 축으로 나눌 수 있다. 하나는 돈(매출과 비용)이고 다른 하나는 사람(내부 및 외부)이다. 그림 1.1을 참조하길 바란다. 이 사람들은 돈에 영향을 주는 행동을 한다. 일반적으로 조직의 주요 목표는 이윤을 극대화하면서 연속성을 보장하는 것이다. 결과적으로 수익은 최대화하고 비용은 최소화함으로써 이익이 결정된다. 이 게임이 잘 진행될수록 조직의 연속성은 더 좋아진다.

매출과 비용은 조직마다 다른 종류의 메커니즘을 기반으로 한다. 예를 들어, 내부적으로는 직원들에게 교차 판매 및 상향 판매 교육을 실시하여 매출을 증대시킬 수 있지만, 외부적으로는 영업점의 판매량을 늘림으로써 매출을 증대시킬 수도 있다. 목표 달성을 위한 가장 효과적인 경로는 조직에 따라 다를 수 있으며, 목표와 목적의 임무를 수립하는 동안 계획될 수 있다.

대부분의 조직에서 가장 큰 비용은 대개 직원(특히 서비스 산업) 또는 공급업체(생산 관련)다. 따라서 가장 중요한 매출 기회는 여전히 사람인 판매점과 소비자의 영향을 받는다.

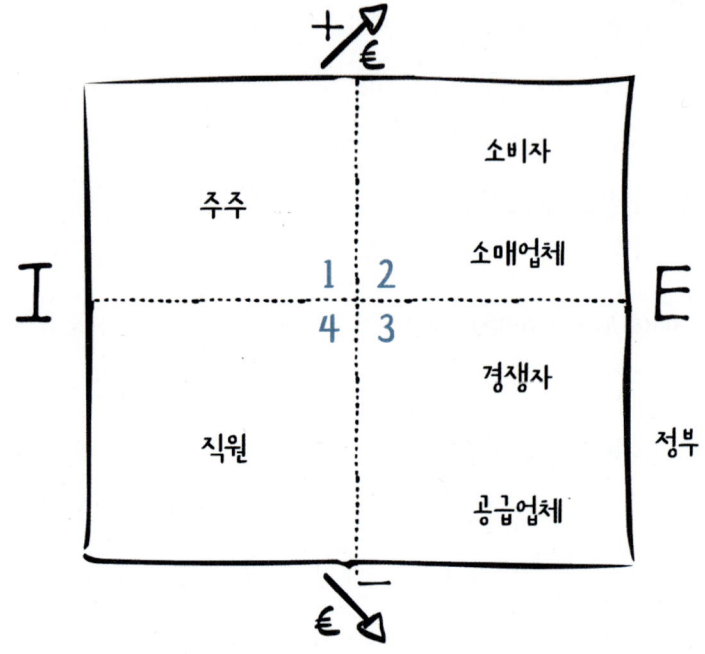

그림 1.1 비즈니스 경기장 영역

결국, 사람들의 행동이 비즈니스 경쟁 분야에서 조직의 비용과 매출이 얼마나 높을지를 결정한다. 수만 명의 직원을 거느리고 있는 다국적 기업의 경우에도 '실리콘밸리'로의 '국제화'라는 요소가 경기장의 크기를 결정하는 것은 아니다. 실제로 영향을 미치는 것은 경기장에서 사람들의 행동, 그리고 행동에 영향을 미치는 요소들이다.

따라서 목표로 하는 사람들에게 어떤 영향을 줄 수 있는지 파악해야 한다. 하지만 이와 동시에, 경기장에 있는 모든 사람들에게 영향을 줄 수 없다는 사실 또한 받아들여야 한다.

비즈니스 경기장에 표시된 사분면을 사용하면 주요 플레이어를 시각화할 수 있다. 규모가 큰 제조회사를 예로 들면, 다음과 같은 이해당사자를 찾을 수 있다.

내부(I)
- 주주
- 최고 경영진
- 관리자
- 직원

외부(E)
- 경쟁자
- 소비자
- 소매업체, 프랜차이즈, 도매, 상품
- 유통 센터
- 공급업체
- 정부

비즈니스 경기장에 영향을 미치는 조직의 힘은 주요 이해관계자들의 모든 행동의 합계다. 이해 당사자들의 행동에 효과적으로 영향을 미칠 수 있는 조직은 꼭두각시가 아닌 꼭두각시를 부리는 주체다. 이들은 게임의 흐름에 영향을 미칠 수 있는 사람들로 우리는 게임 체인저라고 부른다.

플레이어는 게임 체인저가 되어야 한다. 만약 주요 플레이어가 누구인지 모른다면 당신이 게임을 이끌어가지 못하고 게임이 당신을 끌고 가게 될 것이다.

Level 1.1 외부 비즈니스 경기장

**"비즈니스 경기장은 사람들이
긍정적인 일을 하거나, 적극적으로 반대하거나,
아무것도 하지 않기 때문에 바뀐다"**

세상은 점점 더 빠른 속도로 변화하고 있다. 이러한 변화의 원동력은 혁신, 시장, 창업과 같은 추상적인 개념이 아니다. 중요한 것은 조직 내에서 다양한 기능과 역할을 맡은 사람들의 행동과 활동이다. 성장과 진보는 사람들이 어떤 것을 하거나, 어떤 것도 하지 않거나, 혹은 어떤 것에 적극적으로 대항하여 일할 때에만 실현될 수 있다. 아무것도 하지 않는 것은 조직에도 파괴적이다. 정지 상태를 유지하는 것은 본질적으로 뒤로 가는 것과 같다. 세상은 점점 더 빠르게 변화하고 있기 때문에, 조직은 생존을 위해 더 민첩해질 필요가 있다.

적응 능력은 결국 조직의 수명을 결정하고 조직의 장기 존립 여부를 결정한다. 이것은 주주, 관리자, 직원 등 모든 이해관계자에게 매우 중요한 사항이다.

이 가운데 조직의 지속성에 강력한 영향을 미치는 3명의 이해관계자가 있다. 바로 경쟁자, 소비자, 동료다. 이들이 조직의 존립에 어떠한 영향을 미치는지 살펴보자.

경쟁자

"게임 체인저들이 예상하지 못한 상황에서
비즈니스 경기장으로 뛰어들고 있다."

경쟁자와 관련된 3가지 동향에 대해 논의하겠다.

❶ 예상치 못한 곳에 나타난다.
❷ 빠르게 유통 채널을 구축한다.
❸ 비교적 쉽게 자본을 확보한다.

뜻밖의 일

'분열'은 역량을 키워야 한다는 것을 아는 대규모 조직에서 가장 많이 듣는 용어일 것이다. 작지만 혁신적인 기업들은 시장에서 제품을 대체하거나 퇴출하는 독창적인 솔루션을 개발하여 규모가 더 큰 조직들을 앞지르고 있다. 틈새 제안, 낮은 비용, 높은 유연성의 조합을 통해, 이런 스타트업 기업은 특정 영역에서 기존 회사들에게 위협적인 경쟁자로 믿기 어려울 정도로 빠르게 성장하고 있다.

왓츠앱(WhatsApp)은 많은 대형 통신 사업자의 비즈니스 모델을 완전히 붕괴시켰고, 수많은 사람의 문자 메시지(SMS) 사용법을 바꿔 놓았다. 사실 왓츠앱이 휴대폰으로 온라인 채팅을 제공한 것은 그다지 혁신적인 아이디어는 아니었다. 온라인 채팅은 이미 수 년 전부터 PC에서 제공되었는데, 모바일 기기가 도입되었을 당시에는 아직 모바일 장치로 사용할 수 없었을 뿐이었다. 왓츠앱은 2009년, 야후에 근무했었던 두 명의 직원이 모여 창립했다. 2013년, 2억 명의 사용자가 있을 때 왓츠앱의 직원은 단지 50명에 불과했고 당시 회사의 추정 가치는 15억 달러 정도였다. 하지만 2014년, 페이스북은 왓츠앱을 190억 달러에 인수했다. 왓츠앱의 도입은 문자메시지 시장의 완전한 안정화를 가져왔다.

우버(Uber)는 택시업계를 완전히 뒤집어 놓은, 또 다른 좋은 예이다. 우버 덕분에 신용카드, 자동차 그리고 운전면허증을 가진 미국의 모든 개인 시민들이 자신만의 택시 회사를 시작할 수 있었다. 이를 통해 교통수단의 가용성이 100배 이상 급증했고 경제위기 때 일자리를 잃었던 개인들도 소득을 올릴 수 있었다. 소비자들은 5가지의 택시 유형 중에서 하나를 선택할 수 있었으며, 각 서비스는 그에 상응하는 가격대가 부과됐다. 심지어 택시를 함께 타는 서비스도 계획할 수 있었는데, 이것은 장거리 여행의 비용을 상당히 낮추고 때로는 흥미로운 만남도 제공하는 요소였다.

사실 우버는 휴대폰의 스마트 위치 기반 기술과 공급과 수요를 연결하는 애플리케이션에 지나지 않는다. 사용자는 현재 위치와 목적지를 입력하고, 예약 가능한 운전자 중에서 함께 가고 싶은 사람을 선택할 수 있다. 운전자가 선택되자마자, 사용자는 즉시 그들을 운송할 차의 정확한 위치를 볼 수 있다. 운전자는 앱을 통해 고객에게 전화를 걸 수도 있고, 근처에 있으면 메시지를 보낼 수도 있다. 탑승 후 사용자는 사용자 경험을 피드백으로 제공해야 한다. 별 1개에서 5개까지 부여가 가능하다.

이처럼 투명한 시스템 때문에 운전자들은 일반적으로 정중하게 행동하는 경향이 있다. 그리고 소비자는 자신의 요구에 맞는 가격으로 좋은 승차감을 얻을 수 있다. 우버는 정기적으로 별 4개 미만의 점수를 받은 운전자에겐 '진행 인터뷰'를 실시한다. 그리고 별 3개 이하의 점수를 준 고객에겐 더 자세한 피드백을 받기 위해 이메일을 전송한다.

두 사례는 혁신으로 특정 산업을 위협했던 예지만, 이 외에는 다른 많은 사례가 있다. 이처럼 예상치 못한 곳에서 경쟁자가 등장할 때가 있다. 따라서 조직은 자신이 예상한 경기장 밖에서도 경쟁이 발생한다는 사실을 인식해야 한다. 이것은 변화 역량이 필요하다는 것을 알려주는 말이기도 한다. 조직은 새로운 경쟁자가 등장했을 때 더 빠르게 대응할 수 있도록 역량을 키워야 한다.

성공적인 혁신은 대부분 간단한 작업에서 시작한다. 앞서 분열이라는 단어를 설명한 이유가 여기에 있다. 더 작고, 더 쉽고, 더 빠르고, 더 저렴하게 만들 때 성공적인 혁신에 가까워진다. 그리고 가급적이면 이것들을 조합하는 것이 좋다.

유통의 급속한 증가

요즘은 너무나 많은 제품이 디지털 방식으로 유통되기 때문에, 즉석 유통 시스템을 구축하는 것이 더 쉽다. 애플리케이션이 애플 스토어나 구글 스토어에 승인되면 바로 전 세계에 적용된다. 구매력을 가진 70억 인구 가운데 절반 이상이 온라인으로 접근할 수 있다. 이전에는 영업 채널을 구축하기 위해 10년에 걸친 어려운 프로세스를 꾸준히 진행해야 했지만, 요즘은 몇 번의 클릭만으로 이러한 작업을 대체할 수 있다. 이것은 디지털 제품에만 한정되지는 않는다. 이제는 물리적 제품의 배포도 쉽게 관리할 수 있다. 알리바바(Alibaba), 아마존(Amazon), 엣시(Etsy), 잘란도(Zalando)와 같은 온라인 판매 사이트에 들어가 계정을 만들기만 하면 된다. 이보다 더 간단할 수가 없다.

신생 기업은 직접 온라인 유통을 설정할 수도 있지만, 그 전에 먼저 제품을 홍보할 수 있는 커뮤니티부터 구축해야 한다. 요즘에는 소셜 미디어나 잘 알려진 인플루언서의 도움을 받을 수 있는 경우도 많다. 이런 방법을 현명하게 사용한다면 작은 규모로도 매우 빠르게 성공할 수 있다. 심지어 다양한 블로거들이 이 방법을 통해 자체 메이크업 가게나 옷 가게를 시작했다. 게임 업체에선 이러한 유형의 블로거들을 프로게이머 또는 스트리머라고 부른다. 이들은 트위치와 같은 스트리밍 사이트를 통해 게임을 생중계하거나 녹화된 방송을 내보내며 활동한다.

이 가운데 10만 명 이상의 팔로워를 가진 개인들은 새로운 슈퍼스타라 칭할 만한다. 게임 방송은 믿을 수 없을 정도로 인기가 많아졌고 스트리머의 영향력도 엄청나게 커졌다. 아마존은 2015년 스트리밍 플랫폼인 트위치를 10억 유로에 인수했는데, 2023년이 된 지금에는 그 값이 매우 저렴하게 느껴진다. 유튜브에도 다양한 종류의 e-스포츠 채널과 게임 홍보를 전문으로 하는 채널들이 있다.

커뮤니티를 비교적 빠르고 효과적으로 구축하는 방법은 처음부터 제작 과정에 목표 고객을 참여시키는 것이다. 이마저도 킥스타터(kickstarter.com)와 같은 다양한 웹사이트를 통해 쉽게 할 수 있다. 이 웹사이트는 아이디어를 가진 사람들을 재정적으로 지원하기를 좋아하는 얼리어답터가 혁신적인 아이디어를 가진 사람들을 발견할 수 있는 커뮤니티다.

직접 자본

대출을 받으러 은행에 가도 스타트업은 더 이상 큰 도움을 받지 못하는 경우가 많다. 그래서인지 벤처캐피털이나 킥스타터 캠페인이 자본을 얻는 창구로 대체되고 있다. 스타트업이 해야 할 일은 그들의 계획이 무엇이고 투자자들이 기여한 대가로 무엇을 얻을 수 있는지 명확하게 설명하는 것이다. 이는 제품을 소유하거나 이익의 일부분을 얻는 것이 아니라, 주로 제품의 첫 버전을 빠르게 사용할 수 있는 것을 의미한다.

킥스타터 웹사이트에는 게임이나 애플리케이션뿐 아니라 미니 에어컨이나 혁신적인 시계 브랜드와 같은 물리적인 제품도 많다. 그 범주는 가구와 예술부터 세상을 조금이나마 좋게 만들 수 있는 기술에 이르기까지 다양하다.

판매를 실현하고 자본을 조달하는 이러한 방식의 장점은 첫 번째 대상 그룹(고객)이 제품 개발에 즉시 참여할 수 있다는 점이다. 투자자(얼리어답터)는 즉시 제품 및 서비스에 대한 정직한 피드백을 제공할 수 있다. 즉 제작자와 쉽게 소통할 수 있다. 그런 다음 지원한 제품에 대한 블로그 기사를 작성하고 제품이 공식적으로 출시되기 전에 소셜 미디어를 통해 프로모션을 시작할 수도 있다. 이런 식으로, 신생 기업들은 손쉽게 브랜드 팬들을 모을 수 있고, 그들은 또한 자발적으로 그 제품의 시장 구축에 기여할 수가 있다.

조직이 적응 능력을 발전시킬 필요가 있다는 것이 앞의 설명에서 분명해졌기를 바란다. 점점 더 많은 플레이어가 시장에 진입하고 있으며, 특히 몇몇 예상치 못한 곳에서 그 움직임은 더욱 활발하게 이루어진다. 이들은 비교적 쉽게 유통을 구축할 수 있고, 심지어 제품 홍보를 돕기 원하는 투자자와 기부자들을 찾을 수 있다.

소비자

"소유에서 사용으로의 전환이 일고 있다."

소비자와 관련된 세 가지 트렌드가 있다.

❶ 충성도는 과거의 일
❷ 더 이상 중요하지 않게 된 소유
❸ 피드백의 양면

충성도는 과거의 일

소비자 브랜드 충성도는 지속적으로 많은 압박을 받고 있다. 너무 많은 대안이 생겨나기 때문에 유통 채널, 브랜드 및 오래된 비즈니스 모델이 흔들린다. 공급은 수년 동안 수요를 초과했으며 더 많은 대안이 계속해서 생겨난다. 그런데 소비자의 기존 브랜드 충성도가 낮아진 이유가 단지 경쟁이 심해졌다는 것 하나 때문일까?

세상은 인터넷 덕분에 더욱 투명해졌다. 가격을 쉽게 비교할 수 있어 빠르게 최저가를 찾아낼 수 있다.

브랜드 또는 판매 채널이 소비자가 원하는 가격을 제공할 수 없다면 어떻게 해야 할까? 그런 경우에는 다른 방식으로 부가가치를 제공해야만 한다. 이와 관련해 주목할 만한 전략으론 제품 리더십(프리미엄 제품 포지셔닝), 운영 우수성(최저 비용), 고객 우수성(고객과의 긴밀한 관계)이 있다.

오늘날 기업에겐 더 이상 선택의 여지가 없다. 모든 전략이 조직 전체 정책의 일부가 되어야 한다. 조직은 최상의 제품을 보유하고 최상의 가격으로 제공해야 하며 목표 고객과의 관계를 잘 유지해야 한다. 한편으로는 고객을 계속 머무르게 하고 다른 쪽에서는 새로운 고객을 확보하기 위해, 조직은 고객과 긴밀한 대화를 유지하면서 최저 가격으로 최상의 제품을 만들 수 있는 방법을 끊임없이 고민해야 한다. 결과적으로 기업은 제품이 출시된 후에도 고객이 계속해서 자신의 제품을 찾을 수 있게 만들어야 한다. 고객은 점점 더 적게 구매할 것이기 때문이다. 따라서 자산, 사람, 관련성 있고 수익성 있는 제품을 제공해야 하는 필수 프로세스 간의 최적 조합을 찾아야만 한다. 이 위협을 극복하거나 적어도 영향을 미치는 방법은 '프로세스' 장에 나와 있다.

소유보다는 접근성

오늘날의 소비자는 단순히 제품을 소유하는 것보다 제품이 전달해 줄 수 있는 서비스가 어떤 가치를 가지는지에 더 높은 비중을 둔다. 그리고 그 서비스는 당연히 무상으로 제공되길 원한다.

재사용과 공유 사용이 중심인 공유 경제가 부상하고 있다. 문제는 그것이 어느 정도까지 경제를 대체할 것인가 하는 것이지만 이익과 수익에 영향을 미치게 될 것만은 확실하다. 10%의 연간 성장 목표는 아마도 모든 조직에서 더 이상 달성할 수 없는 것처럼 보인다.

과거에는 자동차가 신분을 드러내는 상징이었지만, 요즘은 단순히 A에서 B로 이동하는 수단에 불과하다. 지금은 다른 대안이 아주 많다. 네덜란드 암스테르담만 해도 사람들은 블라블라카(BlaBlaCar), 카투고(Car2Go), 그린휠(Greenwheels), 스냅카(SnappCar), 택시, 그리고 우버(Uber)를 이용할 수 있다. 만약 자율 주행차가 일상이 되면 그때는 택시기사마저 잉여 인력으로 전락할 수가 있다.

세상의 디지털화와 이에 따라 증가하는 투명성 덕분에 우리는 이웃을 때로는 문자 그대로 들여다볼 수 있는 시대에 살고 있다. 우리는 사람들이 어떤 종류의 도구를 가지고 있는지도 볼 수가 있다. 이런 질문을 한번 해보자. "잔디 깎는 기계를 100유로에 사고 싶나요? 아니면 잔디 깎는 기계를 빌릴 수 있는 정보를 월 1유로를 내고 얻고 싶나요?"

합리적인 사람이라면 1년에 3번 정도만 필요한 잔디 깎는 기계를 소유하는 게 합리적일지 고민할 것이다. 피어바이(Peerby), 마켓플레이스(Marketplace), 이베이(eBay) 같은 애플리케이션 덕분에, 소비자들은 이웃들로부터 쉽게 도구를 빌릴 수 있게 되었다.

기업은 이러한 추세를 예측하여 준비하거나, 반대로 특별한 행동을 안할 수 있지만 후자가 성공할 가능성은 매우 낮다. 더 좋은 선택은 이러한 종류의 소비자 동향을 파악하고 수용하여 상업적 행동을 취하는 것이다.

그런 점에서 아이튠즈(iTunes)와 스포티파이(Spotify)의 사례는 매우 눈여겨

볼 만하다. 금세기 초에 많은 사람이 불법으로 음악을 다운로드했다. 당연히 여러 음악 기관에선 이러한 움직임에 반대했지만 크게 효과는 없었다. 결국 애플과 스포티파이는 다운로드를 제한하기 위해 새로운 행동을 취해야만 했다. 음악 감상을 매우 간단하고 저렴하게 만들기로 결정한 것이다. 아이튠즈는 음악을 트랙당 또는 앨범당 다운로드하고 소유할 수 있는 서비스를 시작했다. 스포티파이는 음악을 소유하지 않으면서도 유료 또는 무료로 스트리밍할 수 있는 서비스를 제공했다.

이 방법을 통해 두 회사는 어떤 아티스트가 인기가 있는지, 어떤 음악을 공유하는지 등 엄청난 정보를 수집할 수 있었다. 또한 1~5개의 별 등급을 활용해 앨범, 트랙, 팟캐스트에 대한 피드백도 쉽게 얻을 수 있었다.

피드백의 양면

피드백의 발전에는 두 가지 측면이 있다. 한쪽에서는 가능한 모든 대안들 덕분에 소비자가 쉽게 비판을 말하며, 다른 한쪽에서는 소셜 미디어를 통해 쉽게 소통하고 칭찬을 공유한다. 광범위한 제품 제공과 사용자 경험으로 인해, 소비자의 위치는 더욱 중요해지고 있다. 제품 선택과 사용이 다양해질수록 자신에게 가장 적합한 옵션이 무엇인지 더 많이 알게 된 것이다. 그 결과 기업 혹은 제품에 대한 기준이 더욱 높아지고 새로운 기준이 지속적으로 설정된다. 이것은 조직이 항상 지속적으로 발전해야 한다는 것을 의미한다.

소비자는 소셜 미디어를 통해 긍정적인 경험과 부정적인 경험을 모두 공유한다. 일반적으로 부정적인 사용자 경험이 긍정적인 경험보다 브랜드 경험에 더 큰 영향을 미친다. 부정적 의견이 -3이라면 긍정적인 의견은 +1의 가치를 가진다고 볼 수 있다. 게다가, 부정적인 사용자 경험은 원래 사용자뿐만 아니라 그들을 신뢰하는 또 다른 사용자들에게 더 자주 공유될 것이다. 따라서 누군가가 이미 부정적인 의견을 게시한 후에 치료하는 것보다 처음부터 부정적인 댓글을 방지하는 것이 더욱 좋다.

불행히도 많은 조직이 최종 사용자인 소비자와 사회적 교류를 할 수 있는 많은 기회가 있음에도 불구하고 여전히 소셜 미디어를 방송 수단으로만 사용한다. 소비자의 피드백을 현명하게 사용할 수 있는 조직은 그에 합당한 이득을 얻는다.

예를 들어, KLM 항공사는 2010년 암스테르담 주변의 항공 교통을 차단한 악명 높은 아이슬란드 화산 에이야프야틀라이외쿠틀(Eyjafjallajökull)의 분화 이후 소셜 미디어를 소통 창구로 사용해 왔다. 특히, 페이스북과 트위터는 고객들에게 연락하는 수단으로 사용되었다. 이는 소셜 미디어가 어떻게 대상 그룹과의 사회적 교류에 사용되고 그 관계를 유지하는 데 사용되는지 알려주는 교과서적인 예다.

여행자는 소셜 미디어를 통해 KLM 직원과 비교적 쉽게 직접 접촉할 수 있었다. 예를 들어 항공편을 변경하거나 업그레이드하거나 다른 질문을 하는 방식으로 말이다. 역설적으로 들리겠지만 소셜 미디어는 두 사람 사이의 관계를 가능하게 한다. 또한 고객과 접촉하는 직원의 행동은 고객이 이 회사에 대해 갖는 사용자 경험의 상당 부분을 결정한다.

결과적으로 이런 소통 덕분에 KLM는 브랜드 평판에서 좋은 결과를 얻었다. 다양한 조직 개편과 디지털화에도 불구하고 KLM은 코로나 바이러스 (Covid-19)가 전 세계를 강타하기 전까지 매년 이익을 냈다.

소셜 미디어를 활용하면 고객과 접촉하고 사용자 경험을 공유하거나 불만을 처리할 수 있을 뿐만 아니라, 중요한 정보를 얻을 수도 있다. 다음 보험 업계의 예는 피드백 및 게임화 요소를 사용하여 제안을 사용자 행동에 동적으로 적용하는 방법을 보여준다. 이 예에서 제공하는 피드백은 고객이 직접 제공하는 것이 아니라 고객을 관찰한 행동에서 나온 것이다.

보험 회사는 수년 동안 상품 개발에 많은 데이터를 사용해 왔다. 그러나 광범위한 확률 계산과 가격 및 정책 조정 외에는 수집된 데이터로 수행된 것이 많지 않았다. 2010년까지 모든 보험사는 실제로 연대 원칙을 적용했다. 모든 피보험자는 운전자의 운전 기술이나 주행 킬로미터에 관계없이 동일한 보험료로 동등하게 대우받았다.

하지만 요즘에는 고객들 사이에 더욱 다양한 구분이 이루어진다. "손해를 청구한 적이 없는데 왜 자동차 보험에 높은 보험료를 지불해야 하나요?" 영국 보험사인 코옵(Co-op)은 이러한 사용자의 불만을 심각하게 받아들이고 사용자의 운전 행동을 추적하는 GPS 시스템을 개발했다. 사용자가 속도를 더 잘 준수하고 급제동을 줄일수록 프리미엄이 낮아진다. 사용자는 매월 보험료를 최대 35%까지 절약할 수 있다.

스마트폰을 통해 데이터를 수집하고 피드백하는 이 시스템은 또한 보험 회사에게 사용자의 풍부한 정보를 제공한다. 누가 몇 시에 공공도로에 있었는지, 어디에 주차했는지, 어떤 일과가 있는지 등등이 분명해진다. 해당 데이터를 바탕으로 다른 제품 개발에 사용하거나 제3자에게 판매할 수도 있다.

소비자가 점점 더 비판적이 되고 온라인 피드백을 대량으로 제공한다는 사실은 위협으로 볼 수 있지만 동시에 기회로 볼 수도 있다. 게임 내에서 피드백은 플레이어가 계속 플레이하는 데 큰 역할을 한다. 조직은 개선을 위한 자료로 피드백을 의미 있게 사용해야 한다. 이러한 피드백은 소셜 미디어를 통해 직접적 혹은 추적을 통해 얻을 수 있다.

미래의 동료

"직원과 대화하고 반대하는 의견에 귀를 기울여라."

지금의 젊은 세대는 휴대폰이 있는 게 당연한 시대에 살고 있다. 이들은 휴대폰을 전화 용도로만 사용하지는 않는다. 새로운 세대의 직원들은 어디에서나 인터넷을 쓸 수 있는 게 자연스럽다. 이들은 어디서든 정보와 지식을 이용할 수 있다.

유일한 문제는 올바른 소스를 찾고 정보 과부하를 처리하는 것이다. 게다가 미래의 동료가 될 이 사람들은 접할 수 있는 모든 장치에서 게임을 하며 성장했다. 이들은 이미 어릴 때부터 목표를 위한 달성 과제가 익숙하고 과제를 처리하기 위해 어떤 행동을 취해야 하는지 배우며 성장했다. 이를 통해 창의적이고 해결 지향적인 사고를 배우지만, 반면 또한 빠르게 지루함을 느끼기도 한다. 그렇기 때문에 조직은 재능있는 직원이 계속해서 일할 수 있도록 동기 부여가 가능한 목표를 제공해야 한다. 다양한 인사 전문가들과의 인터뷰에서 발견되는 점은, '인재 채용 전쟁'이 점점 더 커진다는 것이다.

수십 년 동안 조직에선 인재의 유입과 유출이 주요 관심사였다. 역량이 뛰어난 직원은 현재 위치에서 자신의 재능을 발휘할 수 없다면 다른 기회를 찾으려 할 것이다. 아니면 자기 사업을 시작할지도 모른다. 네덜란드는 2016년, 유럽 어느 나라보다 자영업자 수가 가장 많이 증가했다. 미국에서도 프리랜서는 여전히 고용 시장에서 중요한 주제다. 많은 경우, 기업에서 떠난 직원들이 그 기업의 경쟁자가 되곤 한다.

이는 비즈니스 서비스 및 컨설팅 분야의 중소기업에서 흔히 제기되는 불만이기도 하다. 대형 컨설팅 기업을 떠나는 직원들은 종종 같은 업종에 있는 중견 중소기업에서 역량을 발휘하는 경쟁자로 변모한다. 게다가 과거에는 중소기업이 비용 효율적인 대안이었다면, 이제는 자영업을 하는 경쟁자가 비용적인 면에서 더 우위를 점한다. 상대적으로 낮은 금액으로 서비스를 제공하기 때문이다.

만약 최고의 성과를 내는 사람들이 모두 자영업을 시작하여 사업에 뛰어든다면, 대기업에는 평범한 인력만 남게 되는 것일까? 이런 조직들은 과연 어떻게 잠재력이 높은 젊은 인재들을 붙잡을 수 있을까?

유입

조직은 물론 매력적이어야 한다. 그래야 미래의 직원들이 그곳에서 일하길 원할 것이다. 과거에는 직원들이 급여, 경력 기회, 휴일, 정규직 등 명확하게 측정될 수 있는 부분에만 높은 가치를 두었다. 하지만 지금, 그리고 다가올 미래의 직원들은 유연성, 개발 기회, 조직의 사회적 참여와 같은 질적인 요소들도 눈여겨본다. 자신이 속한 기업의 목적, 즉 어떤 비전을 가지고 세상에 기여를 하는지에 가치를 둔다. 단순히 개인적 이익만을 추구하지 않는다는 것은 격려할 만한 일이다.

젊은 사람들은 브랜드 이미지에서 그들이 누구인지, 그리고 그 조직이 내부적으로도 그 이미지에 부응하는지 확인하길 원한다. 브랜딩에서는 이것을 브랜드 약속을 지키는 것이라고 표현한다. 가령 기업이 환경을 오염시키는 방식으로 일을 한다면 그 기업은 더 이상 환경에 대해 진정한 논의를 말한 자격을 가지지 못한다.

기업이 추구하는 가치와 비전이 있고 기업의 활동이 그것에 부응한다면, 단순히 좋은 급여를 제공하는 기업보다 새로운 세대의 사람들을 끌어들일 가능성이 더 높다. 이런 관점에서 '목표'는 조직의 사명, 또는 전략적 과제라고 해석할 수 있다.

목표를 공식화하고 실현하는 것 외에도 조직 내 협업, 즉 공유 가치는 점점 더 중요해지고 있다. 조직이 경쟁적이고 폐쇄적인지, 아니면 협력과 투명성을 믿는지 등의 요소가 그러하다. 외부적으로는 세상과 소통하며 추구하는 가치를 바르게 전달하고, 내부적으로 가치를 실현하는 것은 집의 토대가 되는 시멘트와 유사하다. 조직의 가치는 직원들이 목표를 향해 나아갈 때 연결되고 조직의 문화를 형성한다. 조직의 가치에 대한 인식이 내부 및 외부적으로 더 긍정적일수록 조직의 매력과 응집력은 더 강해질 것이다.

흐름

조직이 직원을 유입한 후에는 그 직원이 조직 내에서 계속 일하도록 동기를 부여하는 방법을 알아야 한다. 행동과학자 다니엘 핑크(Daniel Pink)에 따르면 직원은 목적, 자율성, 숙달과 같은 요소를 필요로 한다고 한다. 그들은 독립적으로 또는 적어도 자신의 방식으로 목표를 달성할 수 있고(자율성), 자신이 선택한 것을 더 잘할 수 있으며(숙달), 현실적이고 의미 있는 목표(목적)를 원한다.

때때로 그들은 쉽게 지루함을 느낄 수도 있다. 왜냐하면 루틴의 발달로 달성해야 할 과제들이 너무 쉬워지기 때문이다.

그렇다면 조직은 목표의 난이도를 조정해야 한다. 예를 들어 이것은 직원의 권한과 책임을 확장하거나, 조직 내에서 직원의 위치를 재배치하거나(내부 이동), 아니면 조직 외부에 직원을 두는 방식(외부 배치) 등을 통해 이루어질 수 있다.

놀랍게도 다니엘 핑크가 언급한 직원들에게 동기를 부여하는 요소들은 모두 게임 디자인의 요소와 같다. 플레이어는 독립적으로(자율성) 목표(목적)를 달성해야 하며, 플레이하는 동안 점점 더 능숙해진다(숙달).

조직의 많은 관리자는 직원들에게 매력적인 급여를 제공함으로써 그들을 잡아둘 수 있다고 생각하지만, 여러 연구 결과들은 이것이 사실이 아님을 알려준다. 돈이 충성심을 만들어 내는 것은 아니다. 점점 더 높은 연봉이 해결책이 되지는 않는다. 사람들이 일 년에 6만 유로 이상을 벌었을 때와 그 전을 비교했을 때, 더 이상 행복을 느끼지 못한다는 연구 결과가 있다.

그렇다면 충성심을 만드는 것은 무엇일까? 공유된 경험이 충성도를 만든다. 이것은 직원들이 함께 훌륭한 일을 수행할 때 형성된다. 팀이 신뢰를 구축하고 유대감을 형성하면서 각자의 방식으로 완료해야 하는 과제를 제공할 때 만들어진다.

좋은 직원과 계속해서 함께하고 싶다면 조직은 게임 디자이너와 마찬가지로 최적의 흐름을 실현하기 위해 노력해야 한다. 이 흐름은 설정된 목표(목적)와 필요한 기술(숙달) 사이에 최적의 균형을 만들어 냄으로써 이루어진다.

직원에게 너무 높은 기준을 설정하여 좌절하게 만들어서는 안 된다. 또한 직원에게 지루함을 허용해서도 안 된다. 이 모든 것이 너무 많은 일, 지나치게 높은 목표, 그리고 불충분한 숙달과 결합될 때 발생한다. 너무 적거나 단순한 작업은 지루함을 유발시킬 수 있으며 이것은 직원에게도 조직에게도 좋지 않다.

그림 1.2 흐름: 좌절과 지루함 사이의 균형

기술의 숙달은 평생 학습 전략과 함께 다양한 방법으로 이루어질 수 있다. 지금의 40대 중 많은 사람이 지식은 책에서 나오며 교사의 가르침으로만 이뤄진다는 교육을 받으며 자라왔다.

하지만 시대가 변했다. 오늘날 모든 지식은 인터넷에서 텍스트, 이미지, 오디오, 비디오, 게임의 형태로 사용이 가능하다. 게다가 무료로 얻을 수 있는 정보들도 많다. 하지만 안타까운 것은 디지털북, 사진, 영화, 테드(TedTalks)나 슬라이드쉐어(Slideshare) 프레젠테이션 등에서 사용되는 많은 지식이 일방적 보내기 방식으로 이루어진다는 점이다.

직원 개발을 도울 수 있는 매체는 상상할 수 있는 모든 형태의 콘텐츠를 결합해야 하며, 사람과 교육 자료 간의 상호작용이 가능해야 한다. 마치 게임처럼 말이다.

미디어의 역사를 예로 들어 설명하겠다. 중세에는 음유시인의 연설로 대중과의 의사 소통이 이루어졌다. 그리고 무대 공연 장치가 만들어진 뒤로는 연극을 통해 지식과 지혜가 전해졌다. 그 후 인쇄기가 개발되면서 책이 등장했다. 책과 신문은 오래전부터 지식, 새로운 통찰력, 뉴스를 전파하는 매체였다. 사진술이 발명된 후(1816년), 다양한 기술들이 등장했으며, 때때로 이런 기술들은 전쟁의 영향으로 더욱 가속화되기도 했다. 예를 들어 전신(telegraph)은 1835년부터 존재했다. 이렇게 발명품이 개발되면서 사람들은 빠르게 의사소통을 할 수 있었고 뉴스는 신문 보도를 통해 각 지역에 배포될 수 있었다. 그 후 영화, 라디오, 텔레비전, 게임 등이 이어졌다. 진화론적 관점에서 다양한 미디어의 형태는 다음과 같이 분류할 수 있다.

- 연설 및 연극을 통한 지식 전달
- 책, 신문을 통한 지식 공유
- 사진술
- 라디오
- 영화
- 텔레비전
- 게임 (텍스트, 이미지, 사운드, 상호작용의 조합)

그림 1.3 미디어의 진화

이러한 형태의 콘텐츠에 대한 감각적 경험은 또한 다음과 같이 설명할 수 있다.

- 강의 참석 : 수동적인 듣기
- 독서 : 적극적인 정보 수집
- 이미지, 사진, 일러스트레이션, 그림 감상 : 시각적 정보 수집
- 애니메이션, 영화, 비디오 시청 : 수동적으로 보고 듣는 활동
- 게임 : 명확한 목표와 스토리텔링에 기초한 상호작용, 능동적 활동

디지털 콘텐츠를 기반으로 구분할 수 있는 표현은 다음과 같다.

- 텍스트 : 쓰여진 단어
- 이미지 : 조각, 사진, 삽화, 그림, 만화 등
- 오디오 : 사운드, 음악
- 동영상 : 애니메이션, 영화
- 인터렉티브 소프트웨어 : 즐거움, 기능적

여러 감각이 관여할 때 사람들이 더 잘 배운다는 것은 널리 알려져 있다. 따라서 무언가를 읽고, 그것을 기억하고 싶다면 소리 내어 읽는 것이 좋은 방법이다. 그러면 텍스트를 볼 뿐만 아니라 그 내용이 의미하는 바를 생각하게 된다. 더 나아가 콘텐츠를 가지고 플레이를 할 수 있다면 학습 경험은 더욱 강화되고 향상될 것이다. 게임은 보고 듣고 느끼고 말하는 인간의 많은 감각에 호소하며, 이런 감각들을 효과적으로 결합시키는 도구다. 그렇기 때문에 게임을 이용한 교육은 학습 민첩성을 크게 증가시킨다.

미래의 직원을 위한 가장 효과적인 방법은 기능성 게임이나 게임화 시스템을 사용하는 것이다. 직원은 원하는 시간에 언제든지 게임에 접속해서, 가상의 공간 속에서 지식과 기술을 다양한 문제 상황 속에 어떻게 적용할 수 있는지 안전하게 경험해 볼 수 있다. 이 과정에서 플레이어는 그저 암기하며 외운 방법보다는 특정 목표를 달성하기 위한 최적의 방법을 직접 찾아내고 시도해 볼 수도 있다. 그런 점에서 게임은 플레이어의 창의력에 호소한다. 조직이 미래의 동료를 고용하길 원한다면 새로운 표준과 동기 부여로 이어지는 행동 원칙(목표, 자율성, 숙달)에 부합하는 매체를 선택하는 것이 합리적일 것이다.

그림 1.4　게임 〈WIN BACK〉

[모바일 통신 회사]

2010년부터 2015년까지 네덜란드의 한 대형 통신 회사에서 고객 지원을 담당하는 직원을 교육하기 위해 서로 다른 게임 5개를 제작했다. 그중 한 게임은 플레이어에게 6가지 시나리오를 제공하며, 각각의 시나리오는 고객이 할 수 있는 다양한 질문을 던진다. 플레이어는 시나리오에 따라 고객을 상대하고 가입을 유치할 수 있는 방법을 선택해야 한다.

6개의 시나리오가 모두 끝나면, 플레이어의 기록을 반영하여 다시 시나리오가 등장한다. 이때 나오는 시나리오는 주로 플레이어가 자주 실수했던 내용이 반영되어 있다. '적응 학습'이다.

게임 안에서 고객과 고객이 앉아 있는 거실의 모습은 무작위로 변경되었기에, 플레이어는 같은 시나리오를 플레이하는 것이 아닌, 비슷한 문제를 가진 고객과 또 다른 대화를 하는 것처럼 느낄 수 있다. 실제로는 문제가 비슷한 동일한 고객 시나리오를 시각적 형태만 바꾼 것이다.

당시 평균 5천 명의 직원들이 이 게임을 플레이했고, 회당 플레이 시간은 평균 20분

> 정도였다. 모든 조건이 동등한 상황에서 이 게임이 훈련 도구로 시행된 후 모바일 가입자의 매출은 16% 증가했다.
>
> 직원들이 게임을 하면서 스스로 발전시킬 수 있다면, 기술 개발은 훨씬 더 재미있는 방식으로 가능하리라 상상할 수 있다.

유출

기업이 직접 통제하기 어려운 요소 가운데 하나는 직원이 회사를 떠나는 것이다. 시장 변화에 따라 직원의 유입과 유출은 주기적으로 이루어진다.

퇴사하는 직원이 생겼을 때 모든 조직이 해야 할 중요한 일은 그 직원과 정직한 인터뷰를 하는 것이다. 그리고 이 일은 해당 직원과 관계된 상사가 수행하는 것이 바람직하다. 퇴사하는 직원은 조직이 더 이상 자신에게 영향을 미치는 않는다는 것을 알기 때문에 조직 내 업무 상태에 대해 정직하고 비판적인 피드백을 제공할 수 있다.

연구에 따르면 유능한 직원은 자주 회사를 떠나는 반면, 실패한 관리자는 조직에 남아 있는 경우가 많다고 한다. 이러한 상황은 조직 기반을 약화시킨다. 조직이 퇴사하는 직원으로부터 아무런 피드백을 받지 못한다면 약해진 기반은 그대로 유지될 것이고, 이것은 조직의 취약한 연계가 계속에서 이어진다는 것을 의미한다.

유능한 직원이 퇴사할 때, 이 상황을 기회로 삼는 방법도 있다. 기업의 감독하에 직원이 창업을 시작하도록 돕는 것이다. 최근에는 많은 대기업이 이런 방법을 점점 더 수용하고 있는 추세다. 퇴사하는 직원이 위협적인 경쟁자가 되게 두는 것보다는 모회사의 영향 아래 두는 것이 나을 것이다. "친구는 가까이 두고, 적은 더 가까이 두어라" 하는 유명한 속담처럼 말이다.

Level Up

Level 1.1 요약 - 외부 비즈니스 경기장

비즈니스 경기장은 다양한 플레이어의 영향을 받는다. 이 장에서는 경쟁자, 소비자, 미래의 동료라는 세 외부 참가자의 영향에 대해 알아보았다.

경쟁자는 조직의 시장 점유율을 위협할 것이다. 예상치 못한 곳에서 점점 더 많은 경쟁자들이 나타나고 있다. 이들은 유통망을 쉽게 구축해 지점 전체가 차질을 빚게 만들 수 있다.

수많은 제품이 시장에 쏟아지는 오늘날은 소비자가 더 비판적이 되기 쉽지만, 그만큼 더 많은 피드백을 제공하기도 한다. 현명한 조직이라면 의식적으로나 무의식적으로나 제공된 피드백을 효과적으로 활용할 것이다. 피드백은 인력, 속성, 프로세스 또는 제품을 개선하는 데 사용할 수 있다.

미래의 동료는 휴대폰과 인터넷이 너무나 자연스러운 환경에서 성장했으며 게임을 접하는 것이 쉽고 익숙하다. 유능한 직원은 구하기도 힘들지만 잡아 두는 것도 쉽지 않다. 목표, 자율성, 숙달이라는 구성요소는 조직 내 사람들에게 동기를 부여한다. 현명한 조직은 어떤 과정을 통해 동기를 부여할 수 있는지 알고 있다. 그리고 이러한 요소들은 게임 디자인에서 쉽게 찾을 수 있다.

또한 게임은 상상할 수 있는 모든 형태의 콘텐츠를 사용하므로 직원들의 학습 민첩성에 매우 적합하고, 재미있으며, 기술을 향상시키는 데 많은 도움을 준다. 자연스럽게 직원들은 일의 숙달도가 점점 발전할 것이며 승진할 가능성도 커진다. 당연히 기업에 오래 머무를 확률도 높아진다.

Level 1.2 내부 경기장

조직은 외부보다 내부 장애물에 더 많은 방해를 받는다.

이 장에서는 조직이 변화를 시작하는 데 방해가 되는 장애물의 문제를 해결한다.

배경

이 책을 집필하기에 앞서 나는 여러 해 동안, 각기 다른 단체에서 온 다양한 관계자들이 그들의 경쟁 분야에서 겪는 어려움을 듣고 피드백을 제공해 왔다.

그들 중에는 항공화물업자, 소매업자, 경영자, 자선단체 운영자, 대형 케이블 회사의 재무 책임자, 은행 임원, 건설 회사 간부, 서점상 등이 있었다. 내가 그들에게 "당신의 장기적인 비전은 무엇입니까?"라는 질문을 했을 때 들려오는 대답은 이러했다. "3개월 앞을 생각할 기회나 여유가 있으면 좋을 거예요.", "요즘은 모든 것이 너무 빨라서 오늘 생각한 것은 내일이면 이미 시대에 뒤떨어지고 말 거예요."

최근 몇 년 동안 세상은 기업이 변화하는 속도보다 훨씬 더 빠르게 변화하고 있다. 세계의 변화에 발맞추어 조직의 내부를 변화시키는 기업을 찾기란 점점 더 힘들어진다. 소수의 기업만이 세계의 변화에 대응하고, 내부 시스템을 그에 적합한 최신의 상태로 만드는 데 성공할 뿐이다. 그렇다면 이런 질문을 던질 수 있다. "조직이 현실의 변화에 지속적으로 적응하는 것이 왜 그렇게 어려운가?"

앞서 말한 기업인과의 인터뷰에 따르면 조직 변화를 가로막는 내부 장애물은 다음과 같이 나눌 수 있다.

❶ 구조 : 부서의 구조, 협업이 가능한 집단적 권한과 명시된 책임하에서의 상호의존성, 핵심성과지표(KPI, Key Performance Indicator) 포함

❷ 시스템 : 하드웨어(생산 및 네트워크 자원)와 소프트웨어, 종종 기존 부서 구조와 프로세스를 기반하여 구축

❸ 참여 : 경영진의 결단력, 변화를 원하거나 변화를 시도하려는 직원의 능력, 지속적인 변화는 의지와 용기에 많은 에너지가 필요, 변화 프로그램에 사람들을 참여시키는 일의 어려움

❹ 규칙 : 기업 내 문화, 권한, 책임, 절차 및 법률 등

여기서 언급한 장애물을 하나씩 자세히 살펴보자.

구조

"휴대폰도 5년이 지나면 사용하지 않는데, 왜 50년이 넘은 조직의 구조는 여전히 존재하는 걸까?"

기업의 시작에는 창립자가 있다. 기업이 성장함에 따라 창립자는 시장의 수요를 충족시키기 위해 새로운 제품을 개발하고 판매할 사람들을 고용한다. 기업이 일정 이상의 인력(평균 10명-20명)을 가진 회사로 성장할 경우, 직원은 특정 기능 및 전문 분야를 책임지게 된다. 그리고 구매, 생산, 판매 부서 등의 1차 프로세스가 나뉘고 기능이 구분된다. 그 후에는 1차 프로세스를

지원하기 위해 행정, 재정, 인사 등의 지원 직책이 추가된다. 결국 기업의 조직도는 대개 하향식 계층 분포 형태로 작성된다.

이 선형 또는 피라미드 모양의 조직 구조는 봉건제도에서 영감을 얻었을지도 모르는 경영 전문가 프레드릭 테일러(Frederick Taylor)가 활동하던 시기에 생겨났다. 한 가지 유형의 검정색 단색 포드 자동차만을 생산하여 대량 판매를 시도했던 산업 혁명 시대에서 비롯된 것이다. 당시 직원들은 공장의 조립 라인에서 동일한 자동차를 만들어냈다. 테일러는 낮은 기술을 가진 사람들(반복적인 일을 하는 사람들)은 어리석다고 가정했다. 그리고 관리자는 이러한 사람들이 계속 일하게 하고 조직이 계층적 관점에서 업무를 점검하는 데 필요하다고 여겼다. 공장 전체를 물리적으로 감독할 수 있도록 관리자들은 모든 사람 위에 앉아 있었다. 관리자와 직원 사이에는 직장뿐만 아니라 사적으로도 분명한 거리가 있었다.

안타깝게도 지금 시대에도 조직 내에는 여전히 많은 하향식 규제와 그에 따른 의사소통이 존재한다. 이상하게도 계층적 조직 모델이 도입된 지 100년이 지났는데도 여전히 많은 조직이 이런 방식으로 일하고 있다. 비즈니스 경기장이 완전히 바뀌었는데도 말이다. 수십 년 동안 조직은 다양한 변경 프로세스를 통해 작업 방식을 변경하려고 노력했지만 직함, 역할, 작업 및 관련 책임은 그대로 남아 있는 경우가 많았다.

21세기 초에, 스티븐 코비(Stephen Covey)는 서번트 리더십의 원칙을 도입했다. 이 원칙에 따르면 관리자는 직원을 돕는 역할을 담당해야 했지만, 이 원칙을 조직 문화에 내재화한 조직은 거의 없었다.

서번트 리더십의 아이디어를 사용하면, 계층적 조직 모델의 피라미드 모양은 뒤집을 수 있다. 뒤집은 방식으로 보면, 이 사진과 관리자들은 조직을 지원하고 섬기는 인력이 된다.

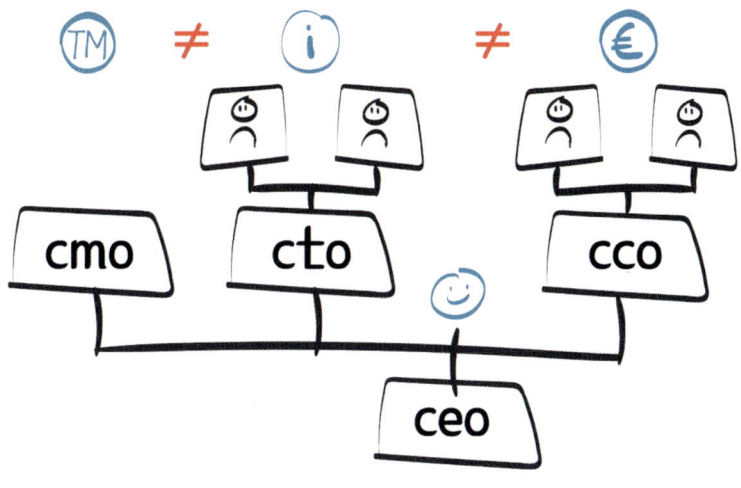

그림 1.5 하향식 or 상향식? * CMO : 최고마케팅책임자 CTO : 최고기술책임자 CCO : 최고운영책임자 CEO : 최고경영자

이 모양은 그렇게 이상하거나 나쁜 것이 아니다. 관리자는 무엇보다 직원이 최대한 즐거운 상태에서 업무를 할 수 있도록 보장해야 하며, 그럴 경우 직원은 최대 능력을 발휘하여 기업의 수익에 기여할 것이다.

상향식 조직 구조 또는 하향식 조직 구조의 단점은 서로 다른 핵심성과

지표(KPI)를 가진 사람들이 함께 계속 작업할 뿐만 아니라 정적 '선형' 구조를 유지한다는 점이다. 가변적이고 역동적인 시장에서 이러한 구조는 조직의 변화 역량을 효과적으로 증가시킬 수 없다.

피라미드는 견고하고 수세기 동안 지속될 수 있지만, 미래 시장은 새로운 생활 환경에 빠르게 적응할 수 있는 유목민 조직을 필요로 한다. 조직은 물리적으로 움직이지 않을 수 있지만, 주변 시장은 끊임없이 빠르게 움직이고 있다.

시스템

시스템은 끊임없이 변화하는 비즈니스 세상에서 조직이 변화를 따라가는 것이 왜 그렇게 어려운가에 대한 두 번째 이유로 제시된다. 이것은 대개 하드웨어, 네트워크, 소프트웨어와 관련이 있다. 끊임없이 변화하는 외부 세계에 대처하기 위해 중요한 질문은 이것이다. 어떻게 하면 시스템을 최적으로 활용할 수 있는가?

❶ 시스템은 구조를 유지한다.
❷ 협업이 시스템보다 더 중요하다.

시스템이 구조를 유지한다

조직의 구조가 확립되면 이러한 구조를 구성하고 유지하는 시스템이 형성되며, 이러한 시스템은 조직이 변화하려 할 때 가장 큰 장애물이 된다. 고착화된 시스템은 각 부서가 개별적으로 업무를 수행할 수 있도록 결정짓긴 하지만, 조직 내 사람들이 창의성을 개발하거나 최적의 업무수행 방식을 선택하는 부분에선 한계를 보인다.

시스템 내에서 피라미드의 가장 높은 상사에게 궁극적으로 전해지는 것은 조직의 재무 보고서다. 직원의 활동과 행동은 조직이 사용하는 회계 숫자를 기반으로 이루어지며, 조직이 원하는 합당한 보고서를 만드는 일에 종속된다. 비용과 관련된, 그리고 고정된 업무 방식은 조직 구성원이 설정된 핵심성과지표에 제대로 기여할 수 있는지 의문을 던진다. 시스템은 행동의 자유를 위한 공간을 거의 제공하지 않으며 사용자가 바람직하지 않은 방식으로 작업하도록 강요한다. 이러한 시스템은 서비스 공급자 관점에서 만든 대부분 소프트웨어 시스템들처럼, 종종 조직에 종속되어 막대한 비용을 낭비하게 만든다.

이러한 정적 시스템이 지속되는 한, 조직은 앞으로 나아가지 않고 제자리에 머무를 것이다. 마치 접착제와 나무처럼, 더 정확히는 시멘트나 벽돌처럼 피라미드는 계속 유지될 것이다. 더 좋고 유연한 건물을 짓기 위해서는 모든 것을 기초까지 허물어야 한다. 그 후 조직에 최적의 작업 방식을 지원하는 시스템을 선택해야 한다. 그 반대가 되어서는 안 된다.

시스템보다 중요한 협업

이메일은 한때 개선된 커뮤니케이션 형식으로 불리며 시작되었다. 사실 그것은 일반 우편의 디지털 버전일 뿐이었다. 동료와 친구 사이에 메시지를 교환하는 것은 좋았지만 프로세스가 이루어지는 협업에는 적합하지 않다고 여겼다. 기술적으로 이메일은 1970년대에 가능했지만, 본격적으로 인기를 끈 것은 1990년대부터였다.

지금은 많은 사람들이 다양한 부서에서 이메일을 사용하여 업무를 본다. 더 많은 사람에게 정보를 제공하기 위해 이메일의 참조 기능도 사용한다. 때로는 이 때문에 정보의 과부하와 위임된 책임이 발생한다. 이럴 때는 차라리 직접 대화하여, 필요한 문서를 찾을 수 있는 디스크 드라이브의 위치를 알려주고, 해당 문서는 이메일로 공유하지 않는 것이 더 좋다. 이메일에 참조된 사람들이 더 많을수록, 그리고 그것이 일의 일부로 명시되지 않는 한, 아무도 특정한 업무에 책임을 지지 않을 가능성이 더 높아진다.

인터뷰에 응한 임원들 중 일부는 그들의 업무가 이메일 처리와 회의 참석으로 이루어진다고 말했다. 그것은 그다지 매력적으로도 역동적으로도 들리지 않았다.

다행히도, 오늘날에는 더 나은 수준의 협력을 가능케 하는 대체 소프트웨어 시스템이 있다. 예를 들어, 슬랙(Slack)은 게임 회사에서 우연히 나온 도구로 이것을 사용하면 엄청난 양의 이메일 트래픽과 시간 낭비로부터 조직을 보호할 수 있다. 이것은 채널들을 중심으로 구성할 수 있는 인트라넷 환경이다.

예를 들어 제품이나 프로세스에 관련된 채널 안에서는 그 문제를 자유롭게 정의할 수 있다. 또한 직원 또는 팀별로 채널을 할당하여 소통하고 협업할 수 있다. 텍스트 문서나 사진과 같은 다양한 형태의 콘텐츠를 슬랙을 통해 공유할 수 있다. 또한 구글(Google) 문서 및 기타 플러그인에 연결하여 이메일 없이도 모든 문서를 공유할 수 있다. 슬랙을 개발한 회사의 가치는 2016년에 20억 유로로 추정되었다. 2013년에 설립된 회사치고는 나쁘지 않은 수치였다. 다른 대체 협업 시스템으로는 아사나(Asana), 베이스캠프(Basecamp), 야머(Yammer) 등이 있다.

협업을 촉진하고 전자 메일 트래픽을 줄이기 위한 방안으로 앞에서 언급한 솔루션 외에도, 맞춤형 솔루션은 과거 10-15년 전보다 훨씬 더 저렴해졌다. 과거에는 맞춤 소프트웨어 솔루션에 수백만 유로를 지불해야 했지만, 요즘은 복잡성에 따라 다르긴 하지만 10만 유로 미만의 비용으로 맞춤 시스템을 개발할 수 있다. 이것은 모든 장치에서 작동하는 시스템이고, 원하는 형식의 보고서를 전달하는 등 동적 작업 방식을 지원할 수 있다.

장애물인 시스템에 대해 단 몇 단락만으로 해결책을 제시하려는 것은 아니다. 이 간단한 설명을 통해, 나는 어떻게 시스템이 앞서 언급한 구조의 장애물을 유지하고 다른 한편으로는 조직의 목표 달성에 방해가 되는지 간략히 설명하고자 한 것이다. 이 시스템은 대차대조표와 손익계산서에 대한 통찰력을 경영진에게 제공하는 보고서를 쉽게 만들도록 설계되었다. 소수의 인원이 재무에 관한 통찰력을 가질 수 있도록 전체 조직이 이 모든 것을 뒷받침한다는 사실은 지난 몇 십 년간 간과되어 왔다.

참여

모든 조직에는 변화 능력에 영향을 미치는 이해 당사자들이 있다. 이들의 참여도에 따라 조직의 변화는 큰 영향을 받는다. 이들의 참여도가 낮으면 변화 가능성이 낮은 것이다. 그렇기 때문에 목표로 하는 그룹에 영향을 미치기 전에 가장 큰 영향력을 가진 플레이어가 누구인지 먼저 파악해야 한다.

참여는 특별한 요소다. 뇌물로 강요할 수 있는 것이 아니다. 사람들은 참여 여부를 스스로 선택한다. 그렇기 때문에 조직은 지지자들을 모으기 위해 가능한 한 매력적으로 보이려고 노력한다. 축구팀의 팬들을 생각해 보자. 여러분이 축구팀을 응원하는 사람이라고 가정하자. 왜 그 팀을 응원하는가? 아마 응원하는 팀이 소속된 도시에서 태어났기 때문일 수도 있다. 혹은 축구

팀 자체가 인기가 있거나, 그 팀이 실력이 좋아서 많이 이긴 게 이유가 될 수도 있다. 팀을 지지하는 이유는 사람마다 다르다. 팬들은 축구팀의 유니폼을 입고 노래를 부르며 자신이 응원하는 팀을 열성적으로 드러내길 꺼리질 않는다. 응원하는 팀을 재정적으로 지원하기도 하고 때로는 팀의 여러 분야에 깊이 관여하려고도 한다.

많은 대기업이 직원의 참여도를 올리는 데 어려움을 겪는다. 일부 기업에선 인재의 유입과 유출이 빈번하고 수치도 비슷하다. 매년 실시하는 직원 만족도 조사는 직원이 조직에 얼마나 감정적으로 관련되어 있는지를 보여주지만, 기업이 변화하길 원하는지 여부에 대해선 그다지 정보를 주지 않는다. 상대적으로 작은 규모의 기업에선 직원의 사고와 행동이 유연할 가능성이 높지만, 기업이 커지고 기능이 전문화될수록 변화를 받아들이는 민첩성이 떨어진다.

그렇다면 어떻게 참여도를 높일 수 있을까? 다양한 변화 전문가들에 따르면, 다음과 같은 요소에서 그 답을 찾을 수 있다.

- 직원을 변경 사항의 공동 소유자로 지정
- 직원이 직접 아이디어를 제안할 수 있도록 허용
- 직원에게 선택권을 제공
- 행동 개시
- 잠재적인 영향과 유용성 전달

이 요소들은 도입부에서 간략히 설명한 게임스톰 방법론에 모두 반영되어 있다. 실제 사례를 들어 몇 가지 게임 요소의 영향력을 설명하겠다.

직원이 7천 명에 달하는 유럽의 국제 운동화 제조업체가 자사의 전체 소매 지점에 게임스톰 방식을 적용했다. 그 결과 800명의 매장 매니저들이 스스로 변화를 주도했고, 이는 경영진의 바람과도 일치했다.

기억을 되살리기 위해 게임스톰의 규칙을 다시 한번 살펴보자.

1. 핵심 플레이어를 정하고 영향을 받을 선수를 선택한다.
2. 가장 시급한 목표를 정의한다.
3. 목표 달성을 어렵게 만드는 3가지 장애물을 결정한다.
4. 원하는 변화를 가져올 9가지 건설적 행동과 이와 반대되는 9가지 파괴적인 행동 선택한다.
5. 새로운 행동이 조직에 미치는 영향을 잠재적 점수로 계산한다.
6. 게임 또는 게임화 시스템에 무엇이 포함되어야 하는지, 게임을 개발하지 않는 경우에는 누가 언제 어떤 조치를 취할 것인지 1~9로 우선순위를 설정한다.

[스니커즈 소매업자]

유럽에 거의 1,000개의 매장을 소유한 이 기업은 주로 라이프스타일 운동화를 판매한다. 이 기업의 유럽 내 상업 조직은 총 40명의 지역 관리자를 담당하는 5명의 지역 부사장으로 이루어졌다. 지역 관리자는 64명의 매니저 트레이너를 관리한다. 매니저 트레이너는 자신의 매장을 운영하면서 동시에 다른 800명의 매장 관리자를 지도한다.

2014년, 이 기업의 영업 담당 부사장은 조직의 의제에 포함된 변화에 직원들을 참여시키기 원했다. 40개 지역 관리자들을 위해 정의된 목표는 다양한 판매점에서 어떻게 전환율을 증가시킬 수 있는지 결정하는 것이었다. 게임스톰은 한 테이블당 6~8명의 직원과 함께 8개의 게임 테이블에서 진행되었다. 이 관리자 그룹의 피드백은 매우 긍정적이어서 몇 달 후 다른 800명의 매장 관리자들에게도 게임스톰을 시도할 수 있는지 물었다.

결국 대대적인 게임스톰이 10월과 11월, 4일간에 걸쳐 열렸다. 게임스톰이 처음 개발되었던 당시 적용된 6명의 인원 대신 평균적으로 약 200명의 플레이어가 동시에 게임을 진행했다. 따라서 모든 포스트잇의 내용을 읽기 쉽게 정리하고 수집하기 위해서 모바일 애플리케이션이 개발되어야 했다. 이들이 게임스톰 애플리케이션 첫 번째 버전의 고객이었다. 이 애플리케이션은 게임스톰 프로세스를 통해 팀당 플레이어를 안내하고, 플레이어에게 그들이 무엇을 해야 하는지 차근차근 설명해 준다. 그리고 이들이 입력한 정보는 클라우드에 중앙 집중식으로 수집되었다.

이렇게 거대한 게임스톰이 끝나고 모든 팀의 데이터를 수집하고 난 후, 흥미로운 결과가 나타났다. 매장 관리자들이 발견한 장애물의 공통 요소(하향식)가 뚜렷이 드러났을 뿐만 아니라, 비슷한 문제에 직면한 매장들이 여럿 나타났다. 한 예로 관광객이 많은 대도시의 상점 직원들은 대부분 동일하거나 비슷한 형태의 문제로 어려움을 겪고 있었다. 그런데 흥미로운 것은 제안된 해결책(건설적인 행동)에 문화적 큰 차이가 있었단 점이다. 문화적 배경 때문인지 고안된 해결책은 각기 달랐다. 애플리케이션 기능 덕분에, 매장들의 현재 상태를 한 개의 엑셀 파일로 정리할 수 있었다.

게임스톰의 힘은 관리자와 직원 스스로가 자신이 취해야 할 상위 9가지 우선순위를 결정한다는 사실에 있다. 그 결과 다음 9주 동안 9가지 구체적인 조치가 행동으로 이어진다. 직원들이 변화에 동참하는 것이다. 동시에 관리자는 팀이 어떤 어려움을 겪고 있는지 확인할 수 있다. 그들이 확인한 문제는 경영진이 해결해야 할 숙제라고 할 수 있다.

800명의 모든 매장 매니저들이 게임스톰을 끝냈을 때, 출력된 모든 내용은 각 지역을 책임지는 5명의 부사장들과 공유되었다. 가장 중요한 세 가지 결과는 주요 목표와 관련하여 '도전 과제'로 설정되었는데, 대략적인 내용은 소비자들에게 최적의 쇼핑 경험을 제공함으로써 수익을 극대화하는 것이었다.

이 예는 게임 메커니즘이 매장 관리와 같은 어려운 문제에 어떻게 많은 직원들을 참여시킬 수 있는지 보여준다. 또한 게임스톰은 지역별로 존재하는 장애물과 장애물을 해결할 수 있는 다양한 행동들에 관해 깊은 통찰력을 제공한다. 이 애플리케이션 덕분에 경영진은 현재 상태를 파악했고, 향후 필요한 조치에 대해서도 다양한 통찰력을 얻을 수 있었다.

게임스톰을 실시한 다음 해에 이 기업은 사상 최대 매출액을 기록했으며, 코로나 위기 속에서도 지속적인 성장을 달성했다. 동일한 시기에 유럽의 많은 대형 소매 체인점들이 파산한 것과 비교하면 매우 이례적인 일이다. 무너진 많은 기업들은 너무 오랫동안 정체되어 있었고, 변화와 피드백을 받아들일 준비를 갖추지 못했다.

앞의 사례는 직원들이 공식화된 목표(도전 과제)를 기반으로 개선 제안을 내놓게 함으로써 변화와 개선에 참여가 이루어진다는 것을 보여준다. 게임 스톰은 기업 내 모든 조직에서 시도할 수 있다. 피라미드형 조직에서도 가능하다. 핵심은 변화를 이끄는 운전석에 직원을 앉히는 것이다.

게임 규칙

조직의 변화 능력에 영향을 미치는 마지막 장애물은 외부의 규칙과 조직 내 지배적 문화에 의해 형성된다. 이 장애물은 조직 내부 또는 외부에 따라, 서면 규칙과 불문 규칙으로 나눌 수 있다.

기록된 규칙

외부의 서면 규칙은 국가 또는 지역의 법률이다. 게임에 비유하자면 이동이 가능한 경기장의 경계선으로 이해할 수 있다. 이 안에서 일반 약관, 구매 및 판매 조건과 같은 고유한 규칙을 작성하고 조직이 서비스를 구성하는 독특한 방식과 전략을 정한다. 서면 규칙은 정부, 공급업체, 프랜차이즈와 같은 기업에 통제력을 부여한다. 다른 한편, 그들은 플레이어(소비자, 프랜차이즈, 직원)에게 어떤 행동이 바람직한지, 바람직하지 않은지 명확하게 제공한다.

특히 정부는 규칙을 설정하여 플레이어가 국경 내에서 하는 게임을 관리하려고 노력한다. 어떤 정부는 최적으로 기능하는 정부를 추구하기 위해 점점 더 많은 규칙을 부과하기도 한다. 문제는 많은 규칙이 좋은지 아니면 서면 규칙의 수를 줄여야 하는지 여부다. 많은 조직이 정부가 정한 규칙은 제한적이라며 불평한다. 이는 마치 은행 준법감시 부서가 법을 잘 준수하고 있다고 정부에 보고서 제출을 위해 존재하는 것과 같다.

게임 디자이너는 모든 플레이어가 게임을 이해할 수 있고 공정하다고 여겨질 수 있도록 게임의 규칙을 최대한 단순하고 모호하지 않게 만들려고 노력한다. 하나의 목표, 3가지 장애물, 6가지 스킬만으로도 쉽고 재미있는 게임을 빠르게 만들 수 있다. 3개의 목표, 9개의 장애물, 18개의 스킬을 제공하는 게임 또한 마찬가지다. 네덜란드는 형법만 해도 거의 500개 조항에 달한다. 유럽에서는 동일한 소매 기업의 직원들이 2,500개 이상의 다양한 종류의 계약을 맺을 수 있다. 유럽을 비롯한 나라에서 수많은 서면 규칙이 없으면 괜찮은 삶을 살 수 없는지 궁금해질 지경이다.

내부 규칙에는 조직의 일반적인 약관과 업무 설명서가 포함된다. 또한 프로세스와 절차가 고정된 경우가 많다. 관리 용이성과 통제력을 높이기 위해 일부 기업은 아무도 읽지 않는 다양한 문서에 가능한 한 많은 규칙을 내부적으로 규정한다. 주식 상장과 같은 특별한 경우에는 특정 절차 및 행동 강령을 수립하는 것이 법으로 요구되기도 한다. 또한 이것은 기업이 주식에 상장될 때 특정 절차, 과정, 윤리 규정을 수립하기 위한 법적 의무이기도 하다.

2012년 한 케이블 운영회사는 기업공개(IPO)를 위해 조직의 윤리 규정과 다양한 준법 감시 문서를 구현한 게임을 개발했다. 이 게임은 절도, 협박, 권력 남용, 제3자와의 관계, 소셜 미디어와 같은 주제를 포함했다.

[케이블 회사]

한 대형 케이블 회사가 TV쇼 유형의 퀴즈 게임을 개발했다. 이 게임에서 플레이어는 양말만 신은 히어로로 시작해 최후에는 슈퍼히어로로 성장한다. 하지만 그렇게 하려면 온갖 객관식 질문에 답하고 다양한 딜레마 상황에서 올바른 선택을 해야 한다.

일부 도덕적 질문에는 확실한 답이 정해져 있지 않다. 다만 조직 내에서 직원들이 정상이라고 생각하는 범주일지 아닐지는 판단할 수 있다. 게임을 개발한 회사는 법을 준수하는 것이 궁극적으로 모범적이고 정상적인 행동이기에 슈퍼히어로 테마를 선택했다고 한다. 다른 직원들에게 올바른 행동을 하도록 고무시키기 위해서는 때때로 슈퍼히어로의 모습이 필요하다. 약간 서툴 수는 있지만 히어로는 다른 사람에게 올바른 길을 보여줄 용기와 신념을 가지고 있다.

그림 1.6 게임 〈슈퍼히어로〉 의상실

이 게임의 줄거리는 "양말을 신은 영웅에서 슈퍼히어로로 성장하라!"였다. 퀴즈의 정답을 맞추면 플레이어는 아바타를 꾸밀 수 있는 멋진 아이템을 살 수 있다. 그러면 평범해 보였던 캐릭터가 점점 망토, 생체 공학 팔, 레이저 눈을 얻으며 진정한 슈퍼히어로로 변화한다.

슈퍼히어로 게임의 핵심은 다양한 상황 속에서 플레이어가 어떤 선택을 하는가이다. 게임 안에서 플레이어는 특정한 애니메이션 동영상을 보고 그 모습이 지나치거나 부적절하다고 판단되면 빨간색 버튼을 누를 수 있다. 예를 들어 기업 절도, 뇌물수수, 성희롱과 관련된 딜레마 상황을 보고 플레이어는 버튼을 누를지 말지 선택을 한다. 기업 절도 동영상에선 처음에는 책상에서 펜을, 다음에는 물병을, 다음에는 프린터 용지 한 갑을, 다음에는 10리터의 물을, 그리고 마지막에는 TV를 훔치는 손이 나타난다.

하지만 디자인적으로 결함이 있었다. 동영상이 너무 재미있었던 것이다. 이 게임을 플레이한 많은 사람들이 동영상의 다음 내용이 너무 궁금해서 버튼을 누르지 않고 끝까지 시청한 경우가 많았다. 플레이어에게 처음의 동영상을 끝까지 보게 한 후, 두 번째 시청할 때는 적절한 시간에 버튼을 누르도록 했다면 더 좋았을 것이다. 그래서 이 부분은 개발 과정에서 변경되었다.

그림 1.7 게임 <슈퍼히어로> 딜레마

이러한 딜레마 외에도 이 게임은 애니메이션 형태로 많은 질문을 다루었다. 플레이어가 선택한 답은 문제로 제시된 상황에 대해 그가 어떻게 생각하는지 명확하게 보여주었다. 그 외에 다른 콘텐츠로 준법감시 서류 12개가 기본으로 제공되었다. 질문에 대한 답은 때때로 여러 개의 정답과 오답이 있는 형태로 만들어졌다. 어떤 정답은 옳지도 그르지도 않았다.

게임 시스템에서 모든 점수를 추적하고 게임 단계별로 추려진 정보를 다시 경영진에게 보고했다. 이를 통해 몇몇 주제들은, 바람직하다고 여겨지는 답이 명백해졌다. 또한 어떤 주제들은 충분히 집중을 받지 못했고 이해가 되지 못한 것이 드러났다. 이 경우에는 많은 플레이어가 오답을 선택했다. 가장 흥미로운 것은 가변적인 주제였다. 이것은 무엇이 옳고 그른지 그 선택에 대해 많은 불일치가 있었던 사안들이다. 경영진은 여러 딜레마 상황에 대해 팀원들과 대화를 하도록 독려했다. 특정 주제에 관한 행동과 관련하여 다양한 의견이 있을 때 대화가 중요하다.

물론 직원들은 자신이 어떤 분야에서 좋은 점수를 받았는지, 평균 점수를 받았는지, 아니면 나쁜 점수를 받았는지도 직접 확인할 수 있었다. 이런 식으로, 그들은 특정 부분을 반복해서 플레이할 수 있었다. 동료들 간에 자극 요소가 되기도 했다. 그리고 이것은 게임 홍보에 유익하게 작용했다. 2천 명 이상의 직원 가운데 70%에 달하는 직원들이 이 게임을 플레이한 것이다. 평균적으로 1인용 버전은 한 사람당 3번 실행했고, 약 800명에 달하는 직원들이 멀티 플레이로 게임 배틀을 진행했다. 윤리 규정 내용과 접촉한 시간은 총 500시간에 달했고, 직원 한 명당 게임별 소요한 시간은 6분 정도였다.

각 조직은 어떤 규칙을 제정할지 스스로 결정해야 한다. 그러나 이러한 규칙을 규정하는 동안 다음 사항에 대해서도 생각해 보는 게 바람직하다.

규칙은 어떤 목적에 도움이 되는가? 누가 그것을 읽고 적용할 것인가? 이 규칙이 어떻게 유지되고 실현될 것인가?

규칙은 조직의 변화와 자유를 엄청나게 제한할 수 있다. 따라서 주의를 기울일 필요가 있다. 규칙의 양을 줄이고 단순성과 명확성을 위해 노력해야 한다.

기록되지 않은 규칙

서면 규칙 외에도 많은 조직에선 불문 규칙이 허용된다. 이것은 종종 특정 사람들이 정상이라고 여기는 방법이나 원칙이다. 불문 규칙은 한 나라에 연결하면 '문화'라고 부를 수 있고, 한 사람 혹은 단체에 연결지으면 '인격'이라고 말할 수 있는데, 이것은 종종 규범과 가치에 바탕을 둔다.

또한 이러한 기준과 가치에 따라 행동하는 것을 '무결성'이라고 표현한다. 슈퍼히어로 게임 사례는 특별히 이것과 관련이 있다.

사람들은 조직에 속해서 일을 한다. 개인의 성향과 가치가 다른 이해 당사자들이 함께 일을 하기 때문에 작업하는 방식을 결정하는 것은 꼭 필요하다. 기업이 기업의 문화를 강화하려는 경우에는 일반적으로 문화에 맞는 직원을 고용하는 것이 좋다. 그렇지 않으면 기업의 문화가 흐려질 것이다. 그런데 어떻게 조직과 잘 맞는 성격의 사람들을 찾을 수 있을까? 안타깝지만 이러한 내용은 이력서나 프로필에서는 찾을 수 없다.

다음에 나오는 게임의 실제 예는 조직이 게임을 통해 어떻게 문화적 가치를 실현할 수 있는지 보여줄 것이다.

> **[가치 도전 게임]**
>
> 게임을 활용해 조직에 적합한 인격을 가진 직원을 찾을 수 있다. 한 국제기구에서 문화적 가치를 살리고, 직원들이 사업하는 방식을 살릴 수 있는 게임을 만들었다. 이것

과 관련된 자세한 사항은 레벨 6에 설명할 것이기에 여기서는 간단히 예제만 살펴보기로 한다.

이 게임은 플레이어가 컴퓨터나 다른 플레이어와 대결할 수 있는 디지털 카드 게임이다. 하스스톤이라는 게임에서 영감을 받은 게임이기도 하다.
게임의 목표는 다른 액션 카드를 사용하여 이해관계자들을 얻는 것이다. 각각의 카드는 조직의 3가지 가치로부터 파생된다. 액션 카드는 모두 일정량의 에너지를 소모하고 특정 점수를 산출하며, 플레이어에 따라 이해관계자가 필요로 하는 세 가지 값으로 변환된다. 비밀 유지 계약에 따라 해당 값의 정확한 명칭을 말할 수 없지만 간단히 설명하자면 적극적으로 사고하고, 정직하며, 행동들을 추종하는 것이다.

특정 이해관계자의 필요에 따라 액션 카드를 사용하는 것은 긍정적이거나 부정적인 영향을 미칠 수 있다. 이해관계자를 끌어들이기 위해 하나 이상의 카드를 차례대로 사용할 수 있다(해당 턴에서 사용할 수 있는 에너지 양에 따라 다르다). 이해관계자를 먼저 이기는 사람이 게임에서 이긴다.

이 게임은 시작 단계와 적응 단계 동안에 직원을 파악하고 돕기 위해 사용되었다. 여러분이 상상할 수 있듯이, 이해관계자들을 설득하는 데 매번 실패한 사람들은 조직과 잘 맞지 않을 가능성이 높다. 게임에는 조직이 원하는 방식과 상반되는 액션 카드가 포함되어 있으며, 이를 통해 누가 적합하고 적합하지 않은지 쉽게 식별할 수 있다.

그렇다면 게임의 규칙은 어떤 방식으로 문제를 변형하거나 변경하는 데 장애가 될까? 일반적으로 이것은 조직 구성원들이 그때까지 일했던 방식과 관련이 있다. 특히 프로세스와 절차에 기반한 문서화된 규칙은 변화를 억제한다. 이런 상황에서 변화를 시도하려고 할 때면 이런 말을 들을 수 있다. "지금까지 항상 그렇게 했어." 또는 "그건 내가 할 일이 아니야." 조직이 종이에 자세히 기록한 것이 많을수록 사람들은 기록된 내용을 더 자주 참조하고 언급할 것이다.

기업을 둘러싼 세상은 끊임없이 변화하고 가속화되고 있다. 기업이 시대에 뒤처지지 않고 변화 역량을 높이려면 작성된 규칙의 수를 최소화해야 한다. 또한 그 규칙은 단순해야 하고 모호하지 않아야 한다.

구조, 시스템, 참여 부족, 풍부한 규칙의 형태로 만들어진 장애물의 조합은 변화를 시도하기 어렵게 만든다. 조직이 게임의 문화와 규칙만 변경할 뿐 조직 구조와 지원 시스템을 변경하지 않는다면 참여가 없기 때문에 변화가 일어나지 않는다.

이 모든 것이 게임화와 무슨 상관이 있을까? 게임 메커니즘은 앞서 언급한 장애물을 극복하는 데 어떻게 도움이 되는가? 게임이 조직의 목표를 도울 수 있는가? 만약 그렇다면 어떻게 가능하고 결과는 어떻게 나타나는가? 사람들에게 동기 부여를 주는 게임 메커니즘의 비밀스러운 힘은 무엇이고, 어떤 종류의 메커니즘이 작동하는가? 이에 관한 답을 다음 레벨에서 차근차근 살펴볼 것이다.

Level Up

Level 1.2 요약 - 내부 비즈니스 경기장

세상은 그 어느 때보다 빠르게 변화하고 있으며 변화가 기업에 주는 영향도 매우 크다. 따라서 변화에 발맞추어 조직은 구조적으로 변화할 필요가 있다. 조직 외부와 내부에서 영향을 주는 사람들은 변화에 따라 행동을 조정한다. 따라서 어떤 이해관계자가 조직의 비즈니스 경기장에 영향을 미치는지 파악하는 것이 중요하다.

소비자는 기업에 이전보다 더 많은 것을 요구하고, 더 많은 권한을 가지며, 더 큰 영향력을 행사한다. 이전에 함께 일하던 동료는 쉽게 경쟁자가 되기도 한다. 이들은 킥스타터(kickstarter.com)와 같은 웹사이트를 통해 자본과 시장의 잠재력을 빠르게 구축할 수 있다. 국제화와 인터넷 덕분에 다양한 산업의 경쟁자들이 버섯이 돋아나듯 생겨난다. 공급업체가 어느날 갑자기 조직의 옆이나 반대편에 서게 될 수도 있다. 만약 경기장에서의 역할에 대해 명확한 그림이 없다면 이미 1-0으로 진 상태에서 게임을 시작하는 것과 마찬가지다.

직원은 조직의 모든 원동력을 좌우하는 결정적인 요소다. 어떤 목적이 그들에게 동기를 주고, 어떤 추진력과 동기가 원하는 행동으로 이어지는지 알아 그들을 움직일 수 있다면, 조직은 어떤 상황에서도 직면한 도전에 대처할 수 있는 동료들을 얻은 것과 같다. 이해 당사자와 그들의 스타 플레이어가 명시된 조직 목표에 기여하는 행동을 보일 수 있도록 조정하는 것이 조직이 추구해야 할 과제다.

변화는 종종 기존 구조, 그에 기반한 시스템, 직원 경영진의 참여 부족, 게임을 지배하는 규칙에 의해 내부적으로 억제된다. 기업이 변화에 대한 능력과 민첩성을 높이려면 먼저 기존 구조를 허물고 새로운 상태에서 시작할 용기가 필요하다. 피라미드를 건설하는 대신, 소위 행동 루프라고 불리는 것을 설정함으로써 조직의 문제를 해결해야 한다.

시스템은 가장 중요한 프로세스를 지원할 수 있지만 조직의 운영 방식을 통제해서는 안 된다.

참여는 직원이 조직의 목표, 과제, 임무에 어떻게 기여할 수 있는지 스스로 결정할 수 있을 때 이루어진다. 그것을 고안해 내야 하는 것은 관리자가 아닌 직원들 자신이다.

마지막으로, 게임의 규칙은 자유를 제한하기보다 창의적이고 재미있는 형태로 고안되어야 한다. 조직이 이러한 장애물을 제거한다면 지속적으로 변화할 수 있는 가능성이 열린 것이다.

LEVEL 2

목표

**"현실적인 도전 요소는
사람들에게 동기를 부여한다."**

이 장에서는 각 직원의 기여도를 점수로 매길 수 있는 목표 피라미드로 구성하는 데 도움이 되는 방법론을 제공한다. 이 방법론은 게임의 점수 디자인에서 영감을 받았다.

조직의 변화 역량은 각 계층 부서가 목표에서 파생된 과제에 초점을 맞춘 작업 루프로 변환되는 경우에만 올라갈 수 있다. 이러한 변환은 서로 다른 부서의 의존도를 보다 투명하게 만들고 협업을 촉진한다. 게임스톰은 조직 내에서 '생각을 실행하기'를 강화하고 목적에 미치는 영향을 더 측정하는 수단으로 사용할 수 있다.

Level 2.1 점수 매기기 모델로 목표 피라미드 구축

앞서 언급했듯이 많은 조직의 구조는 여전히 계층적이다. 최상위에 사장이 있고, 그 밑에 여러 핵심성과지표(KPI)를 가진 관리자들이 있으며, 그 밑으로 조직의 목표를 가지고 경쟁하는 여러 부서 관리자들이 있다. 그림 2.1은 부서 간 목표가 일치하는 게 얼마나 중요한지 보여준다. 부서의 관리자가 혼자서 작업을 계속하는 경우 협력은 이루어지지 않는다. 협업이 없는 관계는 때때로 서로를 어렵게 만든다. 프로세스에서 목표를 순차적으로 구조화하면 협업의 유용성이 명확해진다.

조직의 목적 또는 사명은 전략적, 전술적 운영과 같이 다양한 방법과 수준에서 결정될 수 있다. 아마도 조직의 가장 높은 목표는 모두를 위해 더 건강하고 더 나은 세상을 만드는 것일지도 모른다. 하지만 이것이 조직 구성원의 일상적인 행동에 영향을 줄까? 일부 조직은 외부와의 커뮤니케이션을 매우 잘하지만 직원에게 임무를 배치하는 운영은 그다지 성공적이지 못하거나 실패하는 경우가 많다.

일부 기업에서만 신입 사원에게 "여기서 뭘 하고 싶으세요?" 하고 묻는다. 이 말은 조직의 목표 달성을 위해 어떤 기여를 할 수 있는지 묻는 것이다. 대부분의 기업은 직무 설명서에 이 내용을 담으며, 구인 글에도 이 요점을 포함시킨다.

하지만 신입 사원에게 직접 묻는 것이 훨씬 더 강력할지 모른다. 그 직원이 목표에 어떤 기여를 할 수 있는지, 아니면 기여하지 못하거나 할 수 없는 사람이라고 판단할 필요가 있다. 그 답을 어디서 찾을 수 있을까? "왜 여기서 일하고 싶으며 무엇을 하고 싶습니까?" 하는 질문의 답은 자기소개서의 표준이 되어야 한다.

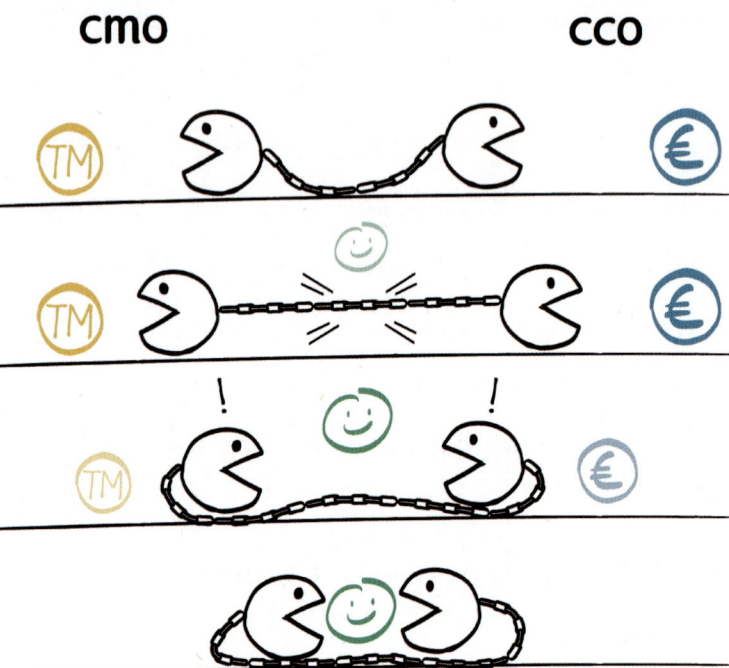

그림 2.1 충돌하는 핵심성과지표(KPI)가 협업에 미치는 영향
* TM : Trade Mark, 브랜드 또는 마케팅 전략을 의미 CMO : 최고마케팅 책임자 CCO : 최고영업 책임자

결코 성취될 수 없다 하더라도 좋은 목표는 우리의 삶이나 조직의 생존에 의미를 부여한다. 그런 의미에서 그것은 희망이 될 수도 있다. 목표(purpose)는 조직이 전체적으로 세계를 위해 무엇을 하고 싶은지 분명하게 만들 뿐 아니라, 각 직원 또는 다른 이해관계자들이 이에 어떻게 기여할 수 있는지 명확하게 볼 수 있도록 서로 다른 수준에서 정의되어야 할 것이다. 이를 다음과 같이 표현한다.

❶ 최종 목표(purpose) : 전체 조직에 대한 임무, CEO의 책임
❷ 장기 목표(objectives) : 사업부 또는 부서별(CMO : 마케팅, CTO : 기술, CCO : 운영) 임무
❸ 과제(challenges) : 팀 임무
❹ 개인 목표(goals) : 개인 임무

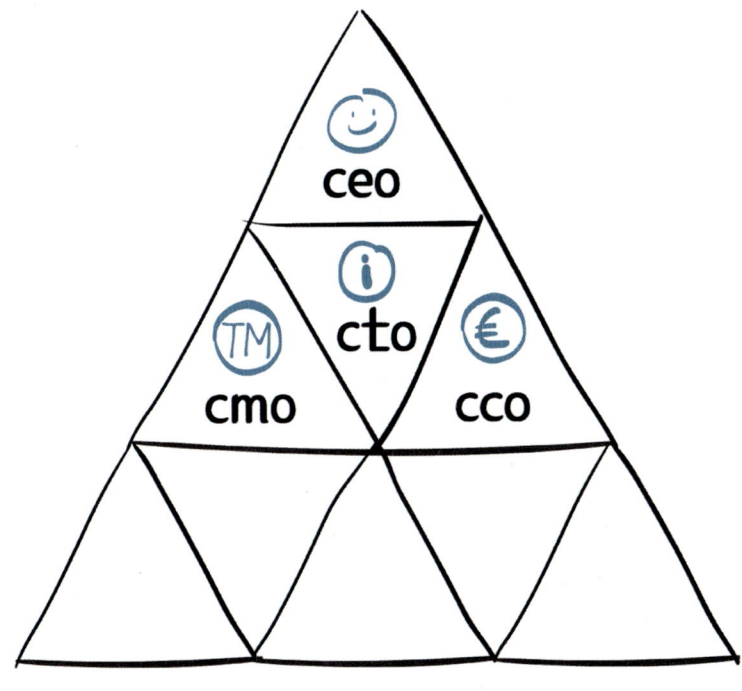

그림 2.2 목표 피라미드

그림 2.2는 부서 또는 프로세스가 가진 목표 피라미드다. 여기서는 간단하게 최고경영(CEO), 브랜드 및 마케팅(CMO), 정보기술(CTO), 영업(CCO)과 관련

된 예만 그랬다. 실제로는 한 가지 목적을 뒷받침하기 위한 더 많은 부서와 과제들이 있다. 이러한 방식으로 더 많은 목표와 행동을 과제에 대응하여 정의할 수 있다.

모든 조직 구성원의 지지를 얻으려면 처음부터 함께 목표 피라미드를 구축하는 것이 좋다. 이는 각 직원이 공식화된 임무에 기여하고자 하는 내용을 포스트잇에 적음으로써 이루어질 수 있다. 그 후 포스트잇을 게시판이나 벽에 붙여서 피라미드를 만들 수 있다. 게임스톰은 목적, 목표, 과제, 행동 간의 연계를 확립하고 이를 투명하게 할 뿐만 아니라 각 행동이 전체에 미치는 영향을 보여주는 데 도움이 된다.

다음은 가상의 조직이 정한 목표 피라미드다.

최종 목표(purpose, mission)
효과적이고 재미있고 교육적인 솔루션을 제공함으로써 조직에 기여한다.

장기 목표(objectives) - 장기
❶ 고객, 직원, 파트너를 만족시킨다.
❷ 잠재 고객과 직원에게 매력적인 조직이 된다.
❸ 적절한 타이밍에 의사 결정자에게 올바른 정보를 제공한다.
❹ 고객의 문제를 처리했을 때 보상을 제공한다.

게임스톰 방법론을 사용하여 각 목표에 필요한 부서 과제를 정의하고 전술 및 행동을 변경할 수 있다. 이때 지정하는 상위 9가지 변경 조치는 적어도 이어지는 9주 동안 또는 다음 분기에 시작되거나, 아니면 게임 테이블에서 완전히 삭제되어야 한다. 게임 테이블에 나타날 수 있는 과제는 다음과 같다.

과제(challenges) - 중기

❶ 주요 당사자들(가장 중요한 이해관계자)의 요구 사항이 불분명하다.

❷ 대중에게 알릴 수 있는 지원 요소가 너무 적다.

❸ 데이터로 더 많은 정보를 얻고 IT 작업을 원활하게 진행하는 일의 우선순위가 낮다.

❹ 제안이 가변적이고 불분명하다.

그런 다음 변경 작업을 고민하여 다음과 같이 행동을 공식화할 수 있다.

개인 목표(goals) - 단기

❶ 지금 간단한 설문조사를 실시하여 행동 계획을 진행한다.

❷ 가장 효과적인 커뮤니케이션 채널을 이용하여 다음 주부터 매월 의견을 교환한다.

❸ 이번 분기에 정보 시스템을 더욱 효과적으로 구성하여 주요 프로세스 지원 및 정보 수집이 활발히 이루어지도록 한다. 구조화된 정보를 모으고, 계속 업데이트하고, 정보를 체계적으로 정리한다.

❹ 다음 달에는 브랜드 포지셔닝을 선택하고, 결정된 핵심성과지표 (KPI)를 활용하여 최소 1년 이상 모니터링하여 성공적인 포지셔닝 인지 확인한다. 한 예로 핵심성과지표는 웹사이트의 트래픽 증가 혹은 잠재 고객의 증가가 될 수 있다.

게임스톰을 진행하는 동안 가능한 한 많은 과제를 변경하고 고안할 수 있지만, 원활한 관리를 위해 항상 9개만 테이블에 있도록 한다. 그런 다음 분기 내에 이러한 과제 또는 목표를 실현해야 한다.

최종 목표는 목표 피라미드 최상단에서부터 최대 3개의 장기 목표로 세분화되어야 한다. 그러고 나서 이것들은 다시 3개의 주요 도전 과제로 나누고, 측정할 수 있는 다른 목표와 도전 과제들을 설정할 수 있다. 목표 피라미드의 높이는 조직의 크기와 목적의 복잡성에 따라 달라진다.

Level 2.2 사분면당 목표 설정 전환

다시 비즈니스 운동장으로 돌아가자. 조직이 목표 달성의 집중도를 높이려면 먼저 부서가 사분면에서 전달하길 원하는 부가가치가 무엇인지 결정해야 한다. 그리고 그 결과가 비용을 감소시키는 것인지, 아니면 수익을 증가시키는지도 생각해야 한다. 또한 조직 내 인력으로 목표 달성을 하길 원하는지 아니면 외부 관계자를 고려하는지 생각해야 한다.

비즈니스 경기장은 두 개의 축으로 나뉜다. 수직 축은 매출과 비용을, 수평 축은 내부 인력 또는 외부 인력을 의미한다. 이렇게 하면 이해관계자를 분류할 수 있는 네 개의 사분면이 만들어진다. 그림 2.3을 참조하길 바란다. 사분면은 조직의 주요 이해관계자인 사람들을 위한 자리다. 사분면에 위치한 각 대상이 만들어야 할 기여도는 점수(금액) 단위로 측정된다.

다음 예제를 살펴보자.

- 사분면 1 : 주주나 직원과 같은 조직 내 사람들의 행동에 영향을 미치며 매출에 중점을 둔다.
- 사분면 2 : 리셀러(도매점, 프랜차이즈, 소매점), 경쟁업체, 소비자 등 외부 인사들의 행동에 영향을 미치며 달성되는 수익에 초점을 맞춘다.
- 사분면 3 : 정부, 규제기관, 공급업체와 같이 조직 외부 인력의 행동에 영향을 미치며 비용에 초점을 맞춘다.
- 사분면 4 : 주주나 직원과 같은 조직 내 인력의 행동에 영향을 미치며 비용에 초점을 맞춘다.

사분면 1의 목표로 '판매에 도움이 되는 질문을 해서 매출을 높이자'가 하나의 예가 될 수 있다. 사분면 2의 목표로는 '고객의 방문을 증가시키고 매력적인 방식을 사용하여 고객의 접촉을 유지한다'가 될 수도 있다.

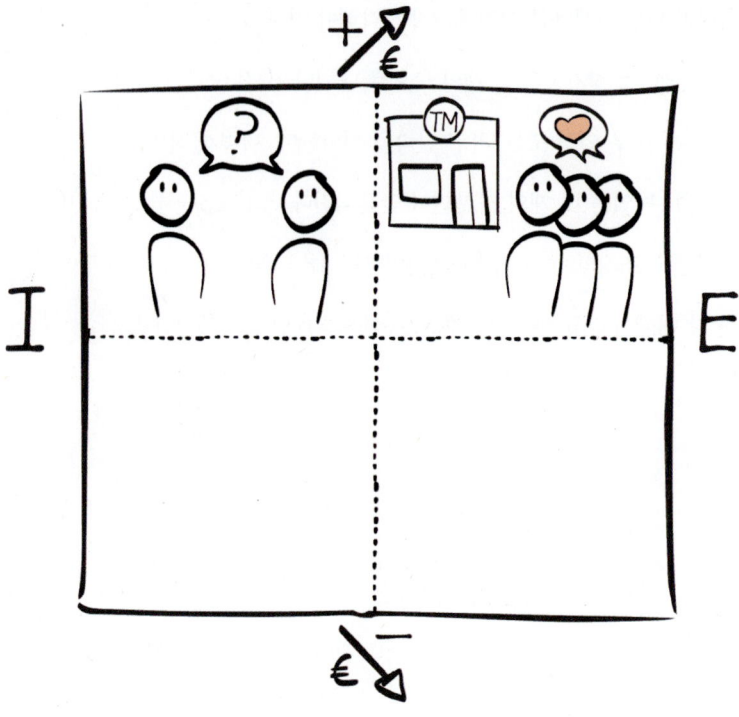

그림 2.3 여러 이해관계자와 비즈니스 경기장

최대한 스마트(SMART)하게

아름다운 목표 선언문을 쓰거나 변화를 이야기하는 것만으로 세상은 변하지 않는다. 변화는 사람들이 움직일 때 일어난다. 즉 다른 무언가를 하고 싶을 때 변화가 시작된다. 우리는 모두 생각하고 의견을 가지고 있으며 그것을 다른 사람에게 조언할 수 있지만, 실제로 사람이 움직이는 것은 다른 이야기다.

조직의 궁극적인 힘은 직원들이 택하는 경로와 행동의 합계로 결정된다. 모든 사람이 다른 경로를 택한다면, 움직임은 많을 수 있어도 한 방향으로 향하는 힘은 약하다. 그 모든 에너지를 하나로 묶고 한순간에 발휘시킬 때 믿기 어려울 정도의 힘이 나타난다. 목표가 선명하고 집중도가 높을수록 그것을 달성할 가능성은 더 커진다.

그래서 제안하는 것이 SMART 방법론이다. 효과적인 목표를 공식화할 때 도움이 되는 유용한 방법론이다.

S - Specific(구체성)
M - Measurable(측정 가능)
A - Achievable(행동 지향)
R - Relevant(현실적 목표)
T - Time-bound(시간 제한)

목표를 세울 때 해야 할 질문은 "누가, 언제, 어떤 종류의 결과로 만족하는가?"이다.

게임스톰을 하는 동안 무엇보다 조직이 설정한 목표를 달성하고자 하는 '방법'을 명확하게 설정해야 한다.

게임스톰 과정 중에 목표를 구성할 때, 특히 조직이 설정한 목표를 달성하고자 하는 방법이 명확해야 한다. 예를 들면 "고객에 유연하게 대처하는 방법을 직원에게 교육하여 회사의 매출을 증대시킨다."가 구체적인 방법이 될 수 있다.

다음은 SMART 방법론의 각 요점에 대한 설명이다.

- **구체화(Specific)**

낯선 사람이라도 업무를 시작할 수 있도록 명확하고 상세한 목표를 기술한다. 목표는 해석의 여지가 거의 없을 정도로 명확해야 한다.

- **측정 가능(Measurable)**

목표를 설정하고 이를 수립하는 것은 어렵지만, 올바른 방향과 속도를 정확하게 결정하는 것이 훨씬 더 어려울 수 있다. 그럴 경우에는 목표를 단계별로 나눌 수 있다. 1단계는 무엇이며 언제 달성할 수 있는지, 성공 여부는 어떻게 측정할 수 있는지 등을 정해야 한다. 이때 기준이 될 만한 핵심성과지표와 시간을 함께 설정하는 것이 유용하다. 그리고 각 목표는 하나의 단위, 즉 금액으로 측정할 수 있어야 한다.

- **행동 지향(Achievable)**

목표를 달성하려면 행동이 있어야 한다. 사람들이 일을 해야 한다고 느

꺼야 한다. 정의된 목표가 구성원들에게 활력을 불어넣을 수 있다면 좋을 것이다. 이보다 더 좋은 것은 목표 그룹이 스스로 목표를 세우는 것이다. 경영진은 최종 목표(기업의 비전)를 공유할 수 있지만, 나머지 조직은 그 최종 목표에 따라 장기 목표를 설정해야 한다.

• 현실적 목표(Relevant)

모든 목표는 대상 그룹의 관점에서 달성이 가능해야 한다. 만약 목표가 현실적이지 않아 보인다면, 행동을 실행하기도 전에 무너질 것이다. 대상 그룹이 영업부라면 매년 10%의 수익 성장을 목표로 하는 경우가 많다. 하지만 때때로 이 목표가 현실적이지 않은 상황일 때도 있다. 더 낮추거나 반대로 더 높여야 할 수도 있다. 상황에 맞는 목표를 세우는 것이 좋다.

• 시간 제한(Time-bound)

거의 모든 게임에서 시간은 지배적인 역할을 한다. 타이밍, 지속 시간, 속도가 액션 게임에서 효과를 결정한다. 비즈니스 분야도 마찬가지다. 성공 여부를 정할 때 시간 제한, 즉 마감일이 정해지면 압박이 따른다. 나는 이것을 건강한 압박이라고 표현한다. 이 책을 쓰는 과정에서도 생일 전에 마감한다는 시간 제한을 걸어두었다. 그리고 그 방법은 실제로 효과적이었다.

이처럼 행동하게 만드는 목표는 구체적이며, 측정 가능하며, 달성이 가능하고, 현실적이며, 시간 제한이 있어야 한다.

직원의 목표 설정과 관련하여 가장 어려운 것은 올바른 목표 설정이 아니라, 진행 상황을 파악하고 피드백을 제공하여 직원의 프로세스 흐름을 관리하는 것이다.

100미터를 10초만에 주파할 수 있다고 해서 직원을 단거리 주자로 만들 수는 없다. 하지만 1만 시간 동안 지속적으로 팁과 방법을 알려주면서 더 나은 육상 선수로 만들 수는 있다. 때로는 특정한 부분을 훈련시키키 위해 사이드 미션을 마련할 수도 있다. 이 과정에서 긍정적이고 건설적인 피드백은 필수다.

이상적인 시나리오는 사람들이 스스로 목표를 정할 때 만들어진다. 직원들이 목표를 구체화하는 즉시 목표를 추구하려는 야망도 커질 것이다. 누군가를 코칭할 때는 이것이 일의 절반에 해당한다. 만약 목표가 그룹 단위로 수행된다면, 스스로 목표를 구체화시킨 사람들이 단연 두각을 나타낼 것이다. 부서별 또는 프로세스 분기마다 수행할 수 있는 게임스톰은 목표 설정을 도울 수 있는 탁월한 방법론이다. 피라미드 모양은 취해야 할 행동을 시각화하는 데 탁월하다. 변화를 위한 활동이 궁극적으로 목표에 어떻게 기여하는지 통찰력을 제공한다.

이번 장이 더 작고 측정 가능한 목표를 설정하며, 장애물을 제거하고, 궁극적으로 어떻게 목표를 달성할 수 있는지 보여주었길 희망한다.

Level 2.3 행동 루프로 전환

SMART 방법론을 따라 목표가 수립되고 과제가 명확해지면 부서를 행동 루프로 전환할 수 있다. 이 작업은 부서별로 진행할 수 있다. 서로 다른 부서의 사람들이 동일한 목표와 과제에 기여하는 것은 매우 바람직한 현상이다.

이해를 돕기 위해 인기 있는 비디오 게임의 루프를 몇 개 가져왔다. 본격적인 설명은 이후에 할 것이다.

유명 게임의 루프

스포일러 경고! 여기서는 흥행에 성공한 잘 알려진 게임을 살펴보고 무엇이 게임을 매력적으로 만드는지 루틴과 메커니즘을 살펴볼 것이다. 내용을 알고 나면 이러한 유형의 게임에서 흥미를 잃을 수 있으니, 원치 않는 독자는 건너뛰어도 좋다.

서론에서 언급했듯이 게임은 대부분 반복적인 메커니즘을 활용한다. 플레이어는 정해진 목표를 달성하기 위해 무의식적으로 반복적인 행동을 하도록 강요받는다. 몇몇 유명한 게임의 주요 메커니즘을 살펴본다면 쉽게 이해될 것이다.

어쌔신 크리드(유비소프트)

- **목표**

다양한 유형의 임무를 완료하여 스토리를 파악한다.

- **과제**

게임 내에서 특정 사람에게 이동한다. 그에게 질문하거나, 물건을 전달하거나, 죽이거나, 그 외 가능한 다른 행동을 한다. 플레이어에게 그런 행동을 요청한 사람에게 돌아간다.

- **결과**

보상(추가 정보, 수단, 무기, 돈 등)을 받고 레벨업한다.

캔디크러쉬(킹게임즈)

- **목표**

주어진 시간 안에 동일한 캔디를 3개 이상 조합하여 캔디를 없애 최대한 많은 포인트를 획득하고, 새로운 캔디가 자리를 차지하게 한다.

- **과제**

캔디를 다른 방향으로 움직여 동일한 캔디 가운데 최소한 세 개의 조합을 만든다.

- **결과**

캔디는 포인트를 얻은 대가로 사라진다. 시간이 끝나면 새로운 단계로 넘어간다.

동키콩(닌텐도)

- **목표**

동키콩을 물리치고 공주를 구한다.

- **과제**

달리고, 뛰고, 통을 피하고, 레버를 당기고 적절한 순간에 크레인으로 뛰어내려 동키콩이 서 있는 판에서 갈고리 4개를 모두 제거한다.

- **결과**

판이 무너지고 동키콩이 아래로 떨어진다. 다음 단계에 도달한다. 갈고리를 떼고 떨어지지 않으면 최대 3개의 추가 생명을 얻을 수 있다.

플레이어는 자신도 모르는 사이에 계속 동일한 작업을 수행하며 보상을 받고 성장한다. 목표를 향해 나아가는 과정에서 보상과 정보를 얻는데, 마지막에 얻는 보상은 보통 다음 단계 진출로 이어진다. 다음 단계에서 플레이어는 동일하게 설정된 목표를 만나지만 달성하기는 더 어렵다는 걸 깨닫는다. 상대가 더 강해지거나 활동 시간이 더 짧아지기 때문이다.

이것이 게임이 갖는 가장 아름다운 심리적 속성 중 하나다. 과제를 완료하면 보상으로 더 어려운 과제가 주어진다?! 이상한 보상처럼 보이지만 플레이하는 우리는 그것을 좋아한다.

이것을 일상 업무에 도입해 보면, 관리자가 직원에게 제시하는 목표도 단계가 점점 올라간다고 생각할 수 있다. 조직 내에서 수행되는 업무는 보통 제품의 개발, 제작, 판매다. 하지만 여기에 하나가 더 필요하다. 프로세스를 최적화할 수 있는 조직은 상황을 개선할 수 있는 방안을 고민한다. 이러한 관점에서 조직의 주요 활동은 개발, 제작, 판매 그리고 개선이라 할 수 있다.

부서를 행동 루프로 전환

변화하지 않는 조직의 개편 상황은 다음과 같다.

❶ 너무 오랫동안 변화하지 않는 조직은 혁신적이지 않은 이해관계자에 의해 유지된다. 그들은 개선을 원하지 않는다.

❷ 비용 측면에 집중하여 절감을 위해 인력을 내보내거나 더 값싼 재료를 구입한다. 이것은 종종 제품의 품질을 떨어뜨리고 장기적으로는 브랜드 이미지를 손상시킨다.

❸ 대개 직원들과 맺은 계약이 잘 갱신되지 않는다. 가장 저렴하게 비용을 낮출 수 있는 기회를 선택하고, 그 결과 문제를 발생시키는 비혁신적인 직원들과 계속 값비싼 계약을 맺는다.

❹ 어느 정도의 비용 절감이 실현되자마자 개선을 원하지 않는 동일한 직원들로 조직도를 업데이트한다. 하지만 새로운 작업이 추가될 것이기 때문에 직원들은 과도한 업무를 하게 된다. 하지만 직원들 역시 이것을 원하지 않고 문제는 계속 쌓여갈 것이다. 1번부터 다시 시작해야 한다.

변화 역량을 높이길 원하는 조직은 지속적으로 신제품을 발명하고 만들고 판매하고 개선할 것이다. 개선은 지속적으로 변화하는 비즈니스 경쟁에서 살아남기 위해 필수다. 가장 높은 레벨에서 처리할 가장 중요한 활동이라 할 수 있다. 개선을 진행하려 할 때 서로 소통하지 않는 부서 이기주의를 어떻게 조정해야 할까?

여러분이 소니(Sony)의 경영자라고 가정해 보자. 소니가 경영하는 분야는 다음과 같다.

- 소니 홈 오디오 & 텔레비전
- 소니 플레이스테이션
- 소니 뮤직
- 소니 픽처스
- 소니 에릭슨(휴대폰)

소니는 홈 엔터테인먼트 분야에서 세계를 지배할 모든 자산을 가지고 있었다. 마치 모든 카드를 손에 들고 트럼프 게임을 하는 것처럼 말이다. 그런데 왜 아이튠즈(iTunes), 넷플릭스(Netflix), 스포티파이(Spotify), 유튜브(YouTube)가 디지털 미디어 시장에서 리더 자리를 차지하고 있을까?

소니는 게임을 만들고, 음악과 영화 판권을 소유하고 있으며, 해당 콘텐츠를 재생하는 데 필요한 모든 형태의 하드웨어(플레이스테이션, 텔레비전, 오디오 장비 등)를 판매한다.

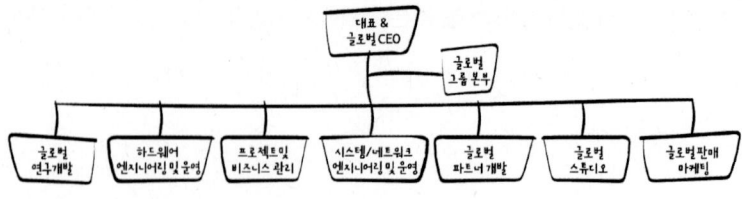

그림 2.4 소니 인터랙티브 엔터테인먼트 조직도

하지만 세계에 풍부한 콘텐츠를 가져온 것은 소니가 아니라 대부분 소프트웨어 회사였다. 소니가 새로운 아이튠즈나 스포티파이를 도입하지 않은 것은 정적인 조직 구조와 상호의존성이 없는 목표 피라미드의 조합 때문이었다. 소니는 글로벌 조직 개편 후에도 크게 변하지 않았다. 새로운 조직이었던 소니 인터렉티브 엔터테인먼트는 7개의 전문 부서로 다시 나뉘었지만 품질 보증 또는 개선에 관한 항목은 이들에게 부여되지 않았다. 제대로 된 개선 프로세스가 설정되지 않았다. 판매 후 피드백을 관리하는데 아무도 책임지지 않는 것 같았다. 어떤 직원도 판매 후 불만 처리 및 개선에 책임이 없는 것 같았다.

이런 상황에서 당신이라면 어떻게 소니의 프로세스를 진행할 수 있을까? 새로운 것을 발명하는 모든 부서는 과정에 참여한 뒤 최고 기획 임원에게 보고한다. 생산을 담당하는 부서는 최고 제작 임원에게, 영업을 담당하는 부서는 최고 판매 임원에게 보고한다. 그리고 CEO는 개선을 주도한다. 그림 2.5와 같은 형태로 프로세스를 진행할 수 있을 것이다.

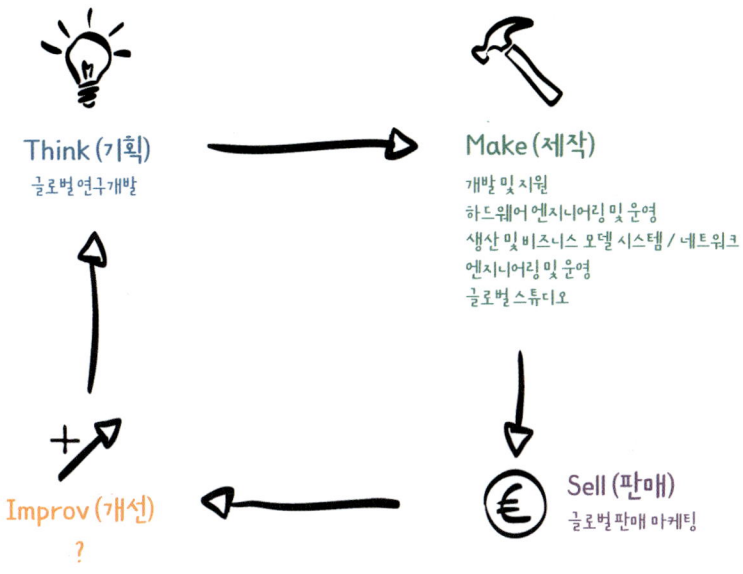

그림 2.5 부서를 행동 루프로 구분

위에서 언급한 부서들은 편의상 다섯 단계로 나누었다. 작업은 시계 방향으로 진행된다. 기획(Think) 단계에서 출발하면 글로벌 연구개발 팀장이 자신의 아이디어를 공유해 신제품을 '레벨 1' 버전으로 만든다.

그러면 글로벌 영업 및 마케팅 부서는 신제품에 대해 논의할 것이다. 이때 참여하는 사람들은 트렌드에 민감한 고객, 혁신 구루(guru)들, 관련이 있지만 경쟁 관계는 아닌 다른 기업의 CEO, 상위 3개 판매업체, 충성도가 높은 고객 등이 될 것이다. 이들에게 얻은 피드백은 어느 누구와도, 심지어 CEO와도 공유하지 않고, 다시 글로벌 연구개발 부서와 필요한 개선 과제를 논의한다. 그런 다음 하드웨어 엔지니어링 및 운영 부서에서 알파 버전을 만든다. 그 후 기존 이해관계자 및 새로운 이해관계자가 모두 참여하고, 글로벌 영업 및 마케팅 부서와 공유한다. 이러한 순서로 전달되는 피드백은 CEO에게로 이어질 것이다.

이러한 과정을 거치면서 출시되는 제품의 질은 점점 더 향상될 것이다. 프로세스가 진행되는 동안 팀을 측정하는 것의 핵심은 핵심성과지표(KPI)가 아닌 최적화 결과에 있다. 신제품 출시의 성공률은 개선 사항을 지속적으로 테스트하고 피드백 루프를 올바르게 설계함으로써 증가한다.

위에서 언급한 주요 프로세스에 부서를 참여시키는 것은 조직의 변화 역량을 증대시킨다. 특히 프로세스 최적화를 목표로 각 팀이 협력할 때 조직에 경험하는 에너지는 생각보다 더 크다. 또한 매출로 이어지는 수익 성과도 판매 부서의 성과에 한정되기보다는 공동의 성공으로 경험될 것이다.

그렇다면 조직의 목표 및 과제에서의 행동 루프는 어떻게 진행될까?

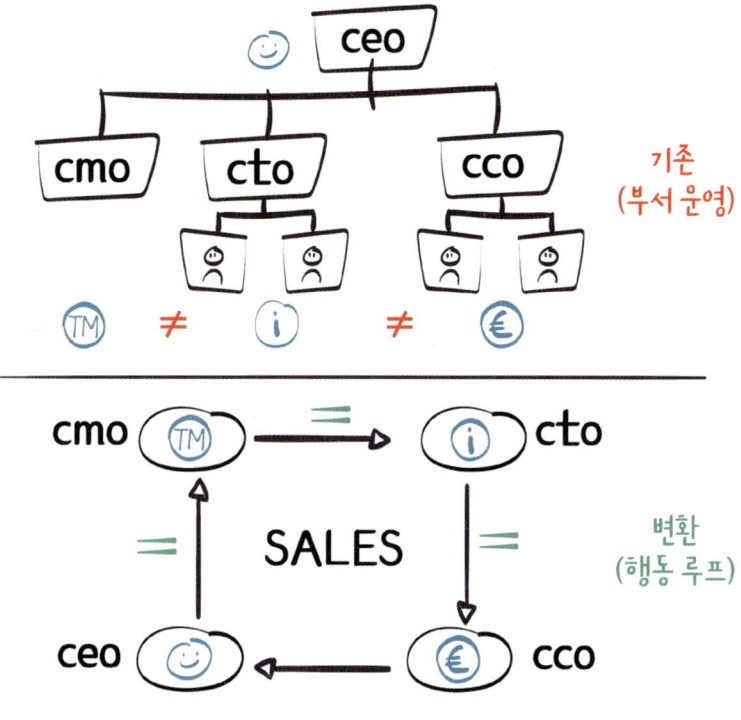

그림 2.6 부서 운영을 행동 루프로 변환

영업 프로세스의 한 예는 다음과 같다. 소비자에게 매력적인 브랜드(TM)를 제공하여 잠재 고객 또는 잠재 신규 고객을 창출할 수 있다. 그런 다음 제품, 가격, 유통 채널ⓒ의 측면에서 최적의 제안을 할 수 있도록 고객ⓘ의 정보를 최대한 얻는다. 이를 통해 고객 만족도를 향상시켜 평판(TM)을 높이고 소비자의 긍정적인 추천을 유도한다. 이러한 모든 과제는 다음 분기에 수행될 조치로 구체화되어야 하며, 매월 점수(금전)로 계산되어야 한다.

정적 부서 구조를 행동 루프(action-loop)로 전환함으로써 활동은 동일한 목표(이 경우 매출 창출)를 중심으로 훨씬 더 명확한 방식으로 이루어질 수 있다. 또한 상호의존성이 보이고 점수가 표시된다. 판매 프로세스의 연결 고리 또한 강력해진다. 과거에는 책임자들이 각자의 칸에 머물면서 목표(핵심성과지표) 달성에만 집중했다면, 이제는 서로에게 더 많은 관심을 기울이고 진행 상황을 모니터링하기 위해 다른 부서를 돌볼 것이다. 여기서는 반드시 최종 목표나 최종 과제가 있는 것은 아니다. 최종 목표는 명시된 목표 및 과제를 기반으로 지속적으로 개선(레벨업)하는 것이 될 수 있다.

조직 구조가 부서가 아닌 프로세스를 중심으로 구성된다면 직원들은 공동의 목표에 더 기꺼이 기여할 것이다. 사람들은 자신의 핵심성과지표만 추구하는 대신 함께 일하는 것이 더 합리적인 선택이라는 것을 알게 될 것이다. 이를 위해서는 경영진이 핵심성과지표의 상호의존성과 관련해서 목적이 어떻게 성취될 수 있는지를 명확히 알려줘야 한다.

조직이 설정해야 하는 유일한 계층 구조는 상호의존성과 목적에 기여하는 활동이다. 그리고 이것은 앞의 예와 마찬가지로 점수로 변환되어야 한다.

행동 루프는 팜빌(FarmVille)이라는 게임에서 영감을 얻었다. 게임의 점수는 여러 변수로 구성되는데, 이 변수는 특정 코스의 행동(행동 루프)에 영향을 받는다. 팜빌과 같은 게임에서 플레이어는 점수에 영향을 미치는 작업을 연속적으로 수행해야 한다. 게임의 작업은 다음과 같다.

❶ 씨앗을 사서 심는다.
❷ 식물이 자라기를 기다린다.
❸ 식물을 가지치기하고 수입을 위해 수확물을 판매한다.
❹ 얻은 돈으로 농장 개발에 투자한다.

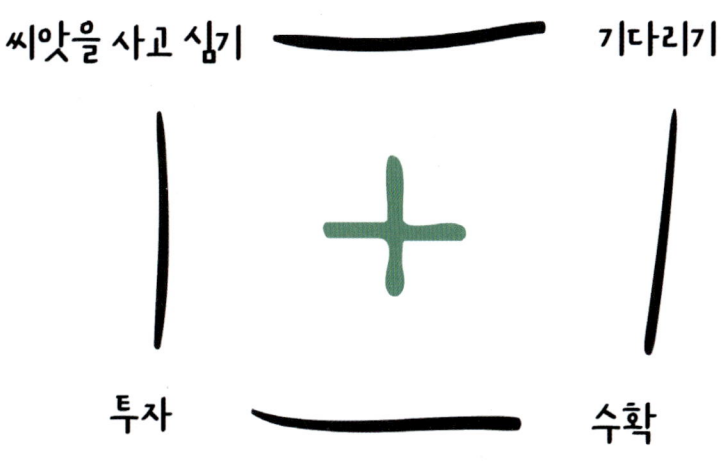

그림 2.7 게임 〈팜빌〉에서 진행되는 행동

이렇게 작업의 순서를 지정하면 점수가 매겨진다. 식물이 자라기를 기다리지 않으면 점수를 얻지 못한다. 그리고 당연히 땅에 씨앗을 심지 않으며 식물이 자라기를 기대할 수도 없다. 행동 루프의 개념은 관리자가 더 이상 활동이나 KPI에 개별적으로 책임을 지는 것이 아니라 구매, 심기, 대기, 생산, 판매 모두에 대해 공동 책임(4-6명)을 지는 것이다. 그런 관점에서 얻은 이익은, 조직을 지속시키고 성장을 보장하는 활동에 투자해야 한다. 단순해 보이는 이 게임 루프는 상당히 중독적이어서 사람들이 쉽게 멈추지 못한다. 행동 루프로의 전환이 조직의 구성원들에게도 비슷한 영향을 줄 수 있다.

Level 2.4 기획

게임스톰을 하면서 생각한 행동은 행동 루프에 함께 넣을 수 있다. 적용을 위해서 행동들을 시간순으로 나열하고 나누는 것도 한 방법이다. 행동 전, 행동 중, 행동 후에는 무엇을 해야 하는가 식이다. 앞서 논의한 게임 루프의 핵심에 있는 이른바 '기획'의 단계다.

게임을 개발하는 과정에서는 다양한 분야의 사람들이 서로 다른 팀과 스프린트(Sprint, 핵심 과제를 해결하는 팀 프로젝트) 작업을 한다. 만일 스크럼(Scrum)으로 일한다면 이 스프린트를 행동 루프라고 부를 수도 있다. 예를 들어 작업자는 다음과 같이 나눌 수 있다.

- 게임 디자이너 : 기획
- 리드 프로그래머 : 프로그램 개발
- 게임 아티스트 : 시각 요소 책임
- 상호작용 담당 : 프론트엔드 개발

이런 작업을 진행할 때는 매주 월요일에 스프린트 리뷰가 열린다. 모든 사람들이 지난 한 주를 돌아보고 약속된 결과물의 진행 상황을 확인해 보는 것이다. 또한, 다음 주에 개발할 것도 논의한다. 작업 진척 상황을 확인하는 스크럼(Scrum) 보드에서는 다음 항목을 확인할 수 있다.

❶ 밀린 작업
❷ 진행 중인 작업
❸ 완료된 작업

이 내용을 확인하여 주기적으로 과거와 현재에 대해 검토를 수행하고 앞으로 무엇을 진행해야 하는지 생각할 수 있다.

행동 루프의 운영 방식은 조직마다 다르기 때문에 더 이상 자세한 설명은 하지 않겠다. 하지만 진행 루프에서 순환적 사고는 더 자세히 논의될 것이다.

Level Up

Level 2 요약 – 점수 모델로서의 목표 피라미드

목적은 사람들이 움직이도록 동기를 부여한다. 부여되는 과제는 핵심성과지표(KPI)를 첨부하여 측정할 수 있어야 한다. 목표 피라미드를 활용하면 직원들은 자신의 몫을 다하도록 동기 부여를 받을 것이다. 또한 점수로 나타나는 수치는 목적에 기여하는 행동과 목표 사이의 상호 관계를 분명하게 보여준다. 목표 피라미드에서 SMART는 조직이 설정한 목표와 그 목적이 할당된 대상이 누구인지 공식화한다. 이때 '누가, 무엇을, 언제, 왜'에 관한 세부 정보가 점점 공식화될수록 조직 전체가 올바른 방향으로 가고 있다고 판단할 수 있다.

조직은 구성원이 목표 피라미드 작성에 더 많이 참여하고, 목표와 과제가 명시된 최종 목표와 일치할수록 조직은 더 강해진다. 모든 목표가 행동 루프로 변환되면 조직은 정적 구조에서 동적인 구조로 변환할 수 있다.

LEVEL 3

플레이어

"변화 관리는 사람들에게
같은 일을 다르게 하도록 동기를 부여하는 것이다."

이 레벨에서는 조직의 비즈니스 경기장과 관련된 다양한 이해관계자(외부 및 내부 참가자)에 대해 더 자세히 알아볼 것이다. 또한 행동에 영향을 미치는 요소에 대해 새로운 개념도 논의할 것이다. 이것은 네 가지 측면 즉 목적(해야 할 것과 하지 말아야 할 것), 정보, 역량, 추진력으로 구분된다. 마지막으로 의식의 힘에 대해서도 짧게 알아본다. 프로세스 변화는 프로젝트로서 다루는 것이 아니라 조직 구조 내에 체계적으로 내재할 수 있다는 개념으로 설명할 것이다.

Level 3.1 영향을 미치는 플레이어들

외부 플레이어

외부 플레이어는 세 가지 범주로 분류할 수 있다. 그들은 긍정적인 영향을 미칠 수도 있고, 부정적인 영향을 미칠 수도 있고, 영향을 미치지 않을 수도 있다. 프로그래밍 언어로 이것은 +1, -1, 0으로 표현된다. 구체적으로 예를 들면 다음과 같다.

- 동료 : 공급자, 판매 파트너, 소비자
- 반대자 : 경쟁자, 노동조합
- 게임 규칙 결정권자 : 사업 협회, 노동 조합 및 정부

첫 번째 그룹은 여러분의 비즈니스 경기장에서 긍정적인 영향을 미치고, 두 번째 그룹은 부정적인 영향을 미치며, 세 번째 그룹은 다소 중립적이다. 하지만 때때로 법의 변화가 환경에 대한 기회와 위협도 만들 수 있으므로 상황 파악에 주의를 기울여야 한다.

시간이 지나면서 동료가 적으로 변모할 수도 있다. 또한 공급업체나 구매자가 갑자기 경쟁자가 될 수도 있다. 브랜드의 힘을 생각해 보자. 당신이 슈퍼마켓에 제품을 납품하는 제조업체라고 가정하자. 어느 날 갑자기 다른 기업으로부터 화이트 라벨(기업 상품이나 서비스를 다사가 판매할 수 있도록 하는 사업) 요청을 받을 수 있다. 요청한 기업은 제품에 자기 브랜드를 붙일 수 있다. 이것은 한편으로는 기회이지만 다른 한편으로는 새로운 경쟁자의 출현을 알리는 위협이 되기도 한다. 많은 조직이 이러한 브랜드 파워 이동을 달가워하지 않음에도 이 제안에 굴복하고 있다.

시야를 넓게 가질 필요가 있다. 범주의 관점에서 생각하고 다른 플레이어들에게 긍정적, 중립적, 부정적 가치를 할당함으로써, 특정 시장의 메커니즘에 대한 시각적 개요를 쉽게 얻을 수 있다.

여러분이 영향을 주고자 하는 그룹을 결정하고, 그들의 행동 기저에 깔린 동기는 무엇인지 파악해야 한다. 그 사람들이 원하는 것은 무엇인지 확인하고, 조직적인 차원에서 진행할지 소규모로 진행할지 생각할 수 있다. 또한 조직의 방향에 영향을 미치는 주요 인물에 대해서는 그의 동기가 무엇인지 찾고, 특정 메커니즘을 통해 효과적인 대응이 가능한지 생각해 볼 필요가 있다.

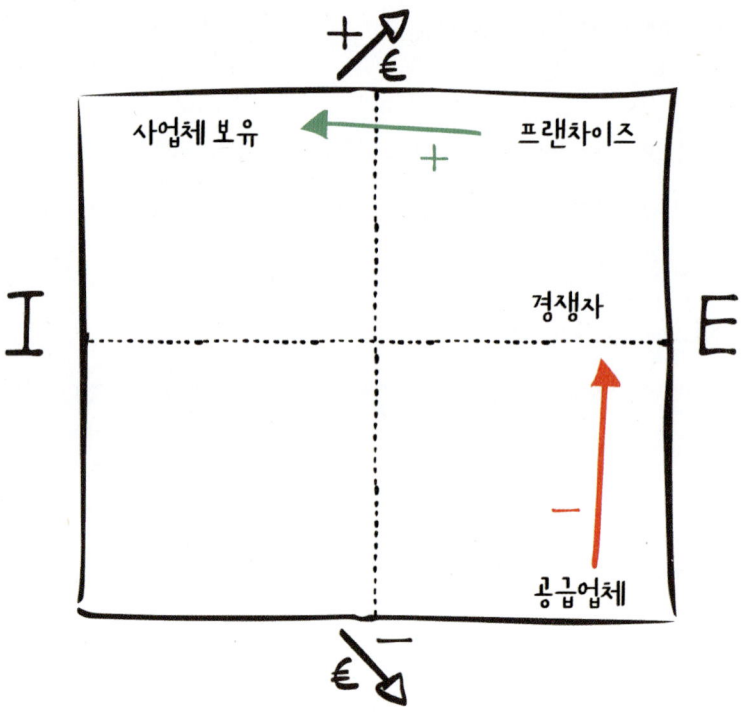

그림 3.1 다양한 이해관계자들이 포함된 비즈니스 경기장

게임적 사고는 '만약 그렇다면?'을 기반으로 한다. 그래서 승리하려면 상대에 대해 어떤 지식이 있어야 하고, 어떻게 상대의 공격에 대비할 수 있고, 어떤 무기로 상대방을 이길 수 있는지를 질문한다. 문제는 내가 구체적으로 어떤 자산을 보유하고 있는지 혹은 어떤 자산이 있어야 승리할 수 있는지이다. 따라서 다음 질문을 할 수 있다.

- 우리가 영향을 주고자 하는 대상 그룹은 누구인가? 그 목적은 무엇인가?
- 대상 그룹은 무엇을 알고 있는가? 그들은 그 목표를 달성하기 위해 무엇을 필요로 하는가?
- 대상 그룹이 우리가 원하는 일을 수행할 수 있는가?
- 대상 그룹이 그 일을 시도할 가능성이 있는가?

이러한 질문에서 소비자와 공급업체로부터 고객이 원하는 것, 알고 있는 것, 그리고 할 수 있는 것 등을 설계할 수 있다. 표 3.1은 가능한 고려 상항을 정리하기 위해 도움을 주는 것으로, 조직이 처리해야 하는 3명의 외부 참가자들에 대한 예시 질문이다.

이해관계자	경쟁자	소비자	전략적 파트너
목적	이 시장에서 무엇을 얻길 원하는가?	제품과 서비스를 통해 달성하고자 하는 것은 무엇인가?	불확실한 미래에 대해 어떤 공통 목표를 가지고 있는가?
정보	제품 또는 우리에 대해 무엇을 알고 있는가?	이미 알고 있는 것은 무엇인가?	우리의 브랜드와 역량에 대해 무엇을 알고 있는가?
역량	핵심 역량은 무엇인가?	현재 원하는 것을 얻을 수 있는가?	우리 제품과 서비스에 무엇을 더할 수 있는가?
추진력	실제로 움직일 수 있고, 그것이 증명이 되었는가?	제품을 바꾸거나 새로운 일을 시도할 추진력이 있는가?	장기적 관계를 충분히 신뢰할 만한가?

표 3.1　외부 플레이어와 관련 요소

경쟁자

비즈니스 경기장에서 경쟁자가 위협적인 존재인지 확인하려면 다음 질문을 해봐야 한다. 그들의 임무는 무엇인가? 그들은 우리의 경기장에서 무엇을 하길 원하는가? 그들은 경쟁 분야에서 무엇을 아는가? 그들이 우리보다 더 많이 알고 있는가? 그들이 우리에 대해 알고 있는 것은 무엇인가? 그들이 우리보다 더 잘할 수 있는 것은 무엇인가? 그들은 필요한 지식과 기술을 습득하고 있는가? 그들은 자신들이 계획한 일을 실행할 수 있는가? 그것을 위한 힘과 자원을 가지고 있는가? 목적, 지식, 역량, 추진력의 상호작용이 궁극적으로 경쟁자가 실제로 위협을 가하는지 여부를 결정한다.

소비자

소비자에게 효과적으로 영향을 미치려면 소비자가 제품을 구매하여 얻고자 하는 바가 무엇인지 명확히 알아야 한다. 이를 위해 다음과 같은 질문을 할 수 있다. 제품을 원하는 이유가 물리적 필요성(예 : 목이 마르거나 배송)을 위한 것인가, 아니면 정서적 이점(예 : 지위)을 얻기 위한 것인가? 소비자가 이미 브랜드나 제품에 대해 많이 알고 있는가? 아니면 제품의 브랜드 인지도를 높이는 작업이 필요한가? 소비자가 물리적으로 제품을 만지거나 사용해 볼 수 있는가? 소비자는 다른 제품에도 관심을 기울이는가? 제품의 디자인이 너무 투박하거나 너무 복잡해 보이지는 않는가?

전략적 파트너

전략적 파트너에 관해서는 다음과 같은 질문을 할 수 있다.

우리는 여전히 같은 임무를 추구하고 있는가? 파트너는 자신이 무엇을 하는지 알고 있는가? 그들은 그들의 시장과 우리의 시장을 충분히 알고 있는가? 정보나 기술을 최신 상태로 유지하고 있는가? 제품이 목표 고객의 요구에 부합할 수 있도록 새로운 시도나 개선을 할 수 있는가? 그를 위한 충분한 추진력이 있는가? 장기적인 관계를 맺을 수 있을 만큼 충분히 신뢰하는가?

슈퍼마켓 점보(Jumbo)의 7가지 확실한 보장

사람들은 자신이 발견한 것을 이야기하길 좋아한다. 그러나 변화는 아이디어가 구체화되고 행동으로 이어질 때만 이루어진다. 오늘날 조직은 특히 서비스 활동을 통해 사명을 가시화할 수 있는 방법이 있는지 고민해 봐야 한다. 네덜란드 슈퍼마켓 체인 점보(Jumbo)가 좋은 예다.

점보는 수년 동안 내부 및 외부에서 7가지 보장을 추구해 왔다. 구체적인 행동은 게임의 규칙과 비슷하게 볼 수 있다. 이 보장은 소비자들 사이에서 점보 쇼핑에 대한 두려움과 장벽을 제거했다(추진력). 그 결과 위기가 닥친 2009년에서 2015년까지, 알베르트 헤이진(Albert Heijn)과 파산한 V&D에 인수되었던 라 플레이스(La Place) 다음으로, 점보는 네덜란드에서 두 번째로 큰 슈퍼마켓 체인으로 성장하며, 정책이 성공적이었다는 것을 증명했다. 표 3.2는 점보의 7가지 보장 중 2개를 표현한 것이다. 약속은 이행할 수 없는 행위나 결과를 바로 확인시켜 준다.

	보장 1	보장 5
약속	우리는 최저가를 보장합니다.	계산하려고 4번째 줄에 서 있었다면 보상이 주어집니다.
행동 (결과)	만약 당신이 우리 제품보다 더 낮은 가격의 제품을 찾는다면, 우리는 당신에게 제품을 무료로 제공할 것이고 이후에는 가격을 조정할 것입니다.	당신은 식료품을 무료로 얻을 수 있습니다.

표 3.2 슈퍼마켓 체인 점보의 보장

의사를 표현하는 것보다 훨씬 더 강력한 것은 뜻을 실현하는 것이다. 점보는 소셜 미디어를 현명하게 활용하여 무료로 광고를 할 수 있었다. 소비자가 줄을 서고 기다려야 하는 모습을 카메라에 담을 수 있었다. 그리고 그 모습 즉, 계산대 줄이 너무 길어질 때 벌어지는 상황을 유튜브에 노출시켰다. 이런 상황은 심지어 '도전 과제' 형태로 바뀔 수도 있다. 가령 1시간 동안 가장 많은 고객을 상대하는 직원이 누구인지 찾는 대회를 열 수도 있다.

슈퍼마켓의 7가지 약속과 행동 외에도 점보는 개선의 전제 조건인 실험도 감행했다. 점보의 총책임자인 프리츠 반 에르트(Frits van Eerd)는 인터뷰에서 다음과 같이 말했다. "우리는 직원들의 실수를 허용합니다. 그렇다고 전혀 화를 내지 않는다는 뜻은 아니지만 중요한 것은 실수를 허용한다는 점입니다."

실수가 허용되지 않는 조직은 경직된 채로 항상 알려진 방식으로만 일을 하려 하고, 스스로를 제한할 것이다. 민첩성을 높이고자 하는 조직은 직원들이 새로운 방법론을 시도할 수 있게 도와야 한다. 변화 관리는 기존의 일을 다른 방식으로 성취하려는 사람들을 격려하고 동기를 부여하는 것이다.

내부 플레이어

조직 내부에서는 명시된 목적에 따라 직원들을 긍정적, 부정적, 중립적 형태로 나눌 수 있다.

- 동료 : 주주 및 직원(+1);
- 경쟁자 : 주주 및 근로자 협의회(-1);
- 게임 규칙 결정권자 : 이사회, 경영진, 인사 및 작업 위원회(0).

여기에서도 함께 플레이하는 사람들은 양수(+1), 상대방은 음수(-1), 게임 규칙 결정권자는 중립(0)으로 특징지었다. 물론 이것은 조직마다 다르다. 소규모 조직은 주식 시장에 상장된 기업보다 직원의 다양한 역할을 분류할 필요가 적다. 어떤 플레이어가 설정된 목표에 내부적으로 영향을 미치는지 아는 것도 좋지만, 어떤 동인과 동기가 그들의 성격을 결정하고 그들을 움직이게 하는지 알아내는 것이 더 중요하다.

긍정적이든 부정적이든 행동 자체가 엄청난 영향을 미칠 수 있다는 사실을 알아야 한다. 직원 10명인 조직에서 직원 3명은 매우 긍정적이고, 2명은 긍정적, 5명은 매우 부정적이라면 변화 능력은 -4점에 이른다. 무관심한 즉, 중립적인 직원만 있는 조직이라면 변화 능력은 그대로 0이 된다. 이 예시는 행동이 조직의 변화 역량에 엄청난 영향을 미친다는 사실을 보여주기 위한 것이다. 조직은 앞에서 서술한 목적, 정보, 역량, 추진력 등의 요소를 활용하여 직원들에게 영향을 미칠 수 있다.

만약 여러분이 내부 플레이어의 의지에 효과적으로 영향을 미칠 수 있다면 코치, 동료, 감독 또는 스크럼 마스터로서의 효과가 무척 커질 것이다. 어떤 방식으로 대상 그룹을 더 잘 매핑하고 싶든 사람들을 새로운 방식으로 이동시키기 위해서는 그들이 무언가를 하는 동기에 대해 깊이 파고들어야 한다. 원하는 행동 변화를 시작하기 위한 프로세스나 시스템을 설정하기 전에 대상 그룹의 다양한 측면을 가능한 한 많이 살펴보는 것이 좋다. 행동의 영향은 개인과 상황에 따라 다르다. 그러나 조직 구성원의 성향 또는 조건에 점수를 연결하면, 그들에게 영향을 미칠 수 있는 것이 무엇인지 파악할 수 있다.

경기장의 모든 플레이어를 질적, 양적으로 연결하면 경기장 메커니즘을 시각화할 수 있다. 이제 조직의 임무, 목표 또는 도전에 기여하기 위해 어떤 대상 그룹에게 영향을 주어야 하는지 더 많은 정보에 입각해 선택할 수 있다.

Level 3.2 해야 할 일 또는 하지 말아야 할 일, 그것이 문제로다

변화를 원함	무엇을 변화시켜야 하는지 알고 있음
변화를 원하지 않음	변화할 수 있음

"간단하게 시작하고, 빠르게 득점하고, 성공을 축하하며 변화를 시작하라."

다음 조직이 변화를 시도할 가능성은 얼마나 되는가?

- 우리는 큰 목적이 있다!
- 우리에게는 똑똑한 사람들이 있다!
- 우리는 필요한 모든 기술을 가지고 있다!
- 하지만 우리는 실수를 용납하지 않는다(두려움의 문화).

또한 이 조직은 어떠한가?

- 우리 직원들은 필요한 모든 기술을 갖추고 있다.
- 우리에게는 똑똑한 사람들이 있다.
- 우리는 시도를 두려워하지 않는다.

- 하지만 우리는 요점을 보지 못한다.

우리가 공유하는 가치, 급여, 동료 의견과 상관없이 더 나은 조직은 직원들의 적극적인 참여에서 시작된다. 다른 말로 하면 누군가는 움직이고 누군가는 움직이는 않는 차이다. 우리가 생각하고, 듣고, 찾고, 말하는 것을 뜻하는 것이 아니다. 우리 인간이 어떤 일을 하느냐 하지 않느냐는 네 가지 측면에 의해 결정된다. 행동하기 전 단 1초 만에 다음 4가지 사항을 고려해야 한다.

1. 어떻게 해야 하는가?
2. 무엇을 해야 할지, 어디서부터 시작해야 할지 알고 있는가?
3. 필요한 일을 할 수 있는 능력이 있는가?
4. 실제로 행동으로 옮길 수 있는가?

마지막 질문은 일반적으로 사람들이 무의식적으로 순식간에 겪는 위험 관리의 한 부분이다. 의지와 욕망은 종종 용기에 큰 영향을 미친다. 당신이 처음으로 좋아하는 사람을 만났던 순간을 떠올려보자. 당신이 소년(소녀)였을 때 당신을 마음을 사로잡은 그녀(그)와 눈이 마주쳤다고 생각해 보자. 심장이 두근거리고 동공이 확장되었을지도 모른다. 하지만 좋아하는 사람에게 다가가고 싶은 욕망은 두려움을 이겨내고 걸음을 떼게 만들 것이다. 그 사람을 보고 있자면 무슨 말이라도 하고 싶은 마음이 강하게 들면서도 무슨 이야기를 할지 모르게 된다.

이 4가지 측면에 대한 더욱 심층적인 버전은 다음과 같다.

❶ 원하다(Want)

다른 이론에서는 야망, 필요, 욕망, 추진력, 희망, 동기, 확신, 열정, 영성, 신뢰 또는 욕망이라고도 불린다. 이것에 반대되는 요소는 게임 디자인에서 피해야 하는 것이다.

❷ 알다(Know)

인지, 의사소통, 지성, 지식, 근거 또는 이성이라고 부를 수 있다. 그것은 주로 더 합리적인 두뇌 능력, 의사소통, 정보 처리, 연결 능력에 관한 것이다.

❸ 가능하다(Able)

능력, 에너지, 체력, 신체적 특성, 힘, 활력이라고도 부를 수 있다. 물리적 조건은 최종 결과에 큰 영향을 미칠 수 있다.

❹ 도전하다(Dare)

의식, 용기, 감정, 배짱, 정신, 용기, 자신감, 대담함이라고도 부를 수 있다. 두려움은 발전과 변화에 가장 큰 장애물이다. 스스로를 비판적으로 바라보고 새로운 것에 개방적인 조직과 직원들만이 변화할 수 있다. 특히 현 상황에서 과감하게 작별을 고하는 것은 중요하다. 이것은 위험과 기대치를 상당 부분 관리하기 위한 것이기도 하다.

이러한 측면들은 우리가 어떤 일을 하는지(건설적), 어떤 일을 하지 않는지(수동적), 또는 어떤 것에 반대하는지(파괴적)를 결정하는 힘의 장을 형성한다. 행동만이 결과로 이어지기 때문에 측면은 의도적으로 동사로 언급했다. 의견, 신념 또는 우리가 서로에게 하는 말이 변화를 가져오지는 않는다. 영어 표현에 있듯이 '말보다 행동이 더 중요하다'.

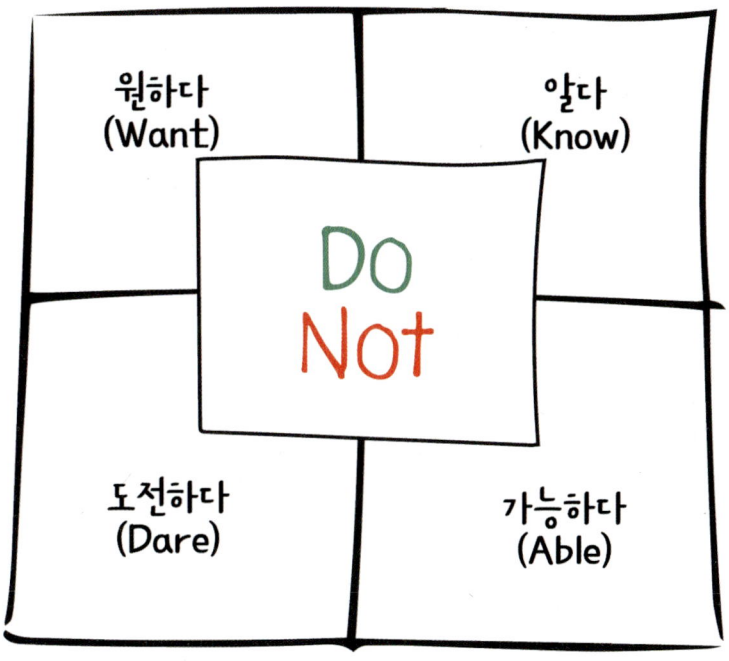

그림 3.2 실행의 행동 루프: 원하다 + 알다 + 가능하다 + 도전하다

사람들이 어떤 일을 하느냐 하지 않느냐는 용기나 대담함에 달려 있다 (도전하다). 다행인 것은 긍정적인 경험이 커질수록 대담함도 더 커진다는 점이다. 다시 말해 가상으로 연습을 하거나, 아니면 무언가를 더 자주 하고 그에 대한 긍정적인 경험과 피드백을 많이 받을수록 담대함과 자신감을 가질 수 있다. 게임으로 치면 레벨업을 하는 것이다.

게임스톰 중에 대상 그룹의 목표와 행동을 정의할 때 '해야 할 것' 그리고 '하지 말아야 할 것'을 함께 논의한다. 직원들이 무엇을 원하고, 알며, 할 수 있고, 도전할 수 있는지 여부를 판단할 필요가 있다. 따라서 해야 할 일 상위 9개와 하지 말아야 할 일 상위 9개는 항상 하나 이상의 수행과 관련이 있어야 한다.

Level 3.3 학습 민첩성 향상

사람들은 배우고, 정보를 얻고, 행동하고, 끊임없이 개선하며 자신을 향상시킨다. 표 3.3은 지속적으로 경험치를 얻고 레벨업하는 방법에 관한 것으로 지식 습득, 처리 및 공유와 관련된 다양한 측면이 포함되어 있다. 이것은 또한 목표, 역량, 추진력에도 적용된다. 때때로 우리는 원하는 것을 찾기 위해 영감이나 자극이 필요하다. 그 후 그 영감을 처리하거나 자신의 것으로 만들고, 다른 사람들에게 동기를 부여하기 위해 여러분이 얻은 통찰력을 전파할 수 있다. 과제를 수행함으로써 능력이 숙달되고, 자기 인식을 개발함으로써 자신감이 자라난다.

과정	원하다	알다	가능하다	도전하다
취득	영감	지식	경험	자기 인식
처리	자신의 것으로 만듦	자신의 것으로 만듦	자신의 것으로 만듦	자신의 것으로 만듦
공유	동기부여	훈련	발전	신뢰

표 3.3 레벨업과 관련된 4가지 측면

만일 당신이 이런 식으로 사람들의 행동을 본다면 그들을 움직이는 동기를 찾을 수 있을 것이다. 왜 사람들이 무언가를 하거나 아무것도 하지 않는지 파악할 수 있다. 또한 변화를 위한 행동은 지식(알다)이나 능력(가능하다)에 가장 큰 영향을 받는 것은 아니라고 결론을 내릴 것이다. 보통 사람들이 뭔가 다른 것을 하거나 기존의 하던 방식을 변경하는 것은 '도전'과 가장 큰 관련이 있다.

이런 모든 새로운 활동은 어느 정도의 용기를 필요로 한다. 첫 번째 한계점이 아무리 낮더라도 위험을 감수해야 한다. 우리를 찾아오는 고객들은 대부분 이런 용기를 가진 사람들이었다.

그들은 변화를 일으키기 위한 방법으로 기존의 전통적인 방식을 선택하지 않았다. 재미있는 방법을 사용하여 지원자들을 훈련시키거나, 기능성 게임 또는 게임화 시스템을 구현하여 직원들이 조직의 목표에 참여하도록 도왔다. 이것이 우리가 항상 고객을 진정한 게임 체인저라고 부르는 이유다.

창업을 해본 사람이라면 새로운 사업을 시작할 때는 어느 정도의 용기 또는 지식이 필요하다는 것을 알 것이다. 성공은 주로 한 가지 행동과 관련이 있다. 지속적으로 수행하고, 더 나아지기 위해 정기적으로 시간을 할애하는지 여부다. 성공과 가까운 기업가는 새로운 환경에 적응하기 위해 지속적으로 노력하는 사람이다. 학습 민첩성이 높으면 계속 발전하고 성장하는 데 큰 도움이 된다.

변화하는 환경에서 지속적으로 배우고 개선하며 성장하고 통찰력을 얻고 매일 그 목표에 에너지를 쏟는 의지가 있다면 성공할 것이다. 그렇게 함으로써 끊임없이 목표를 찾고, 배우고, 역량을 키우고, 도전하는 정신을 경험한다. 그것이 진정으로 변화를 주도하는 행동으로 이어지기 때문이다.

게임은 사람들의 학습 민첩성을 향상시키는 궁극적인 도구다. 그 안에는 여러 가지 장애물과 달성이 어려운 목표가 설정되어 있다. 하지만 플레이어는 다양한 퀘스트를 수행하며 최종 목적을 달성하기 위해 어떤 방법이 있고, 어떤 방법이 가장 효과적인지 알아낼 수 있다.

이러한 면들은 서로를 보강되거나 또는 약화될 수 있다. 얻은 정보가 도움이 될 수도 있지만 부담이 될 수도 있다. 가령 독에 알레르기가 있다는 사실을 알았는데 과연 당신을 공격하는 말벌을 맨손으로 쫓아낼 수 있을까? 혹은 독사를 잡을 용기가 생길까? 반대로 독성에 면역이 있고 독사가 이미 힘이 빠질 대로 빠졌다는 것을 안다면 행동 또한 달라질 것이다.

이 4가지 측면을 우리 행동의 기초로 분류하는 것은 여러 행동 과학자들에 의해 뒷받침되었다. 이 분류의 근본적인 질문은 '언제 무엇을 하고 그 이유는 무엇인가?'이다. 표 3.4는 조직 내 주요 프로세스, 개인의 재능 등에 관한 행동 루프를 스티븐 코비(Stephen Covey)의 커뮤니케이션의 원칙과 비교한 것이다.

조직 과정	개인 과정	재능	필요 요건	커뮤니케이션 원칙
개선	원하다	주도	정신적 노력	욕구
기획	알다	지식	인지 노력	지식
제작	가능하다	결단력	물리적 노력	행동
판매	도전하다	용기	감정적 노력	자세

표 3.4 행동 루프의 비교

게임을 개발하고 변화 분야를 연구하기 위해서는 대상 그룹이 어떤 동인과 동기를 가지는지, 어떤 성격과 기술을 가지고 있는지 철저히 조사할 필요가 있다. 대상 그룹의 이미지가 선명할수록 이 그룹을 움직이는 동기를 더 잘 파악할 수 있다. 게임에서 설정한 목표는 많은 사람들에게 어필해야 한다. 올바른 메커니즘을 설정함으로써 우리는 사람들에게 영향을 미치고 그들의 행동을 바꾸도록 동기를 부여할 수 있다. 그러나 이것은 목표가 대상 그룹이 보기에 적절하고 자기 결정을 내릴 수 있다는 생각이 지배적일 때만 효과가 있다.

사실 누구도 변화를 강요받고 싶어 하지 않는다. 그래서 변화될 행동을 설정하려면 우리는 목표(원하다)를 제안하고 사람들에게 지식(알다)과 기술(가능하다)을 테스트하여 가능한 한 빨리 긍정적인 경험을 제공해야 한다. 긍정적인 피드백과 재미있는 플레이 경험을 통해 플레이어는 자신의 능력(도전하다)이 강화되고 새로운 행동이나 습관을 만들 수 있다.

실행에 영향을 미치는 요소: 원하다

이 책은 직원의 행동이 조직의 변화 능력에 어떠한 영향을 미치는지 초점을 맞춘다. 변화를 시도하는 직원의 행동은 하고 싶은 것을 찾는 것에서부터 시작한다. 그리고 의지는 여러 가지 요구, 추진력, 동기를 포함한 많은 요인의 영향을 받는다. 또한 의지는 이전 경험을 기반으로 하는 지식과 정보, 능력, 도전정신에도 영향을 받는다. 의지는 하는 것과 하지 않는 것의 기초 측면과 밀접한 상호작용을 한다.

의지의 기본 요소로 구성된 개인 목표 피라미드를 구축하면 사람들의 의지를 더 분명히 확인할 수 있다. 구성 요소는 필요, 욕망, 추진력, 희망, 동기부여, 확신, 열정, 영성, 신뢰 또는 소망이다. 소망은 '나는 무엇을 원한다'라는 문장에 구체적인 내용을 추가하면 된다. 다음처럼 말이다.

나는 <u>독립하길</u> 원한다.
나를 <u>재미있게 작업하길</u> 원한다.
나는 <u>작업 프로세스를 기획하길</u> 원한다.
나는 <u>창의적인 일을</u> 원한다.
나는 <u>새로운 방법을 탐색하길</u> 원한다.
나는 <u>작업을 체계적으로 진행하길</u> 원한다.

어떤 사람들은 원하는 것을 나타내길 어려워하고 시도조차 하려 하지 않는다. 이 경우에는 다음과 같은 질문을 할 수 있다.

- 당신에게 영감을 주는 것은 무엇인가?
- 당신은 무엇을 바라는가?
- 당신을 자극하는 것은 무엇인가?
- 당신이 확신하는 것은 무엇인가?
- 당신은 어떤 열정은 가지고 있는가?
- 당신은 어떤 부분에 자신감을 가지는가?
- 당신이 이상적으로 생각하는 것은 무엇인가?

개인적인 목표 피라미드를 확인하면 직원들의 열정은 금세 명확해진다. 또한 조직 전체와 동일한 목표를 추구하는지, 조직이 직원들과 함께 이러한 목표를 달성할 수 있도록 도울 수 있는지도 확인할 수 있다. 더 나아가 게임화 시스템을 개발할 때도 고려할 수 있다.

실행에 영향을 미치는 요소: 알다

CFO(Chief Financial Officer) : 훈련받은 직원들이 떠난다고 하면 어떻게 하죠?

CEO(Chief Executive Officer) : 훈련받지 않는 직원들이 머물면 어떻게 될까요?

변화를 시도할 때 누군가는 무엇을 해야 할지, 어디서부터 시작해야 할지 몰라 고민한다. 또 누군가는 행동의 결과가 무엇인지 과거 경험을 통해 이미 알고 있기 때문에 시도조차 하지 않는다. 만약 여러분이 현재 상황에 만족하거나 새로운 방식으로 아무것도 시도하지 않는다면, 무엇이 좋은 결과를 가져올지 알지 못할 것이다. 무엇을 기대해야 할지 모르는 상황은 불안과 두려움을 동반한다. 그래서 미지의 상황은 인기가 없다.

학습은 순환의 형태를 취한다. 그림 3.3을 참조하길 바란다. 내용은 다음과 같다.

- 서툰 기술을 인식하지 못하는 : 자신을 돌아봄
- 서툰 기술을 인식하고 있는 : 자신의 결점 발견
- 능숙한 기술을 인식하고 있는 : 기술 개발
- 능숙한 기술을 인식하지 못하는 : 배운 것을 일상적으로 수행

그림에서 알 수 있듯이 우리는 '서툰 기술을 인식하지 못하는' 상황에서 '능숙한 기술을 인식하는' 형태로 기술을 발전시킨다. 궁극적으로 이것은 '능숙한 기술을 인식하지 못하는' 행동으로 다시 이어진다. 무엇을 잘하는지 알고 모르는 것은 차이가 크다. 능력을 인식하고 있는 사람들은 무의식적으로 읽고 배우거나 일하는 사람들보다 훨씬 더 효과적으로 능력을 향상시킬 수 있다. 인식하는 힘이 클수록 학습 민첩성도 올라간다.

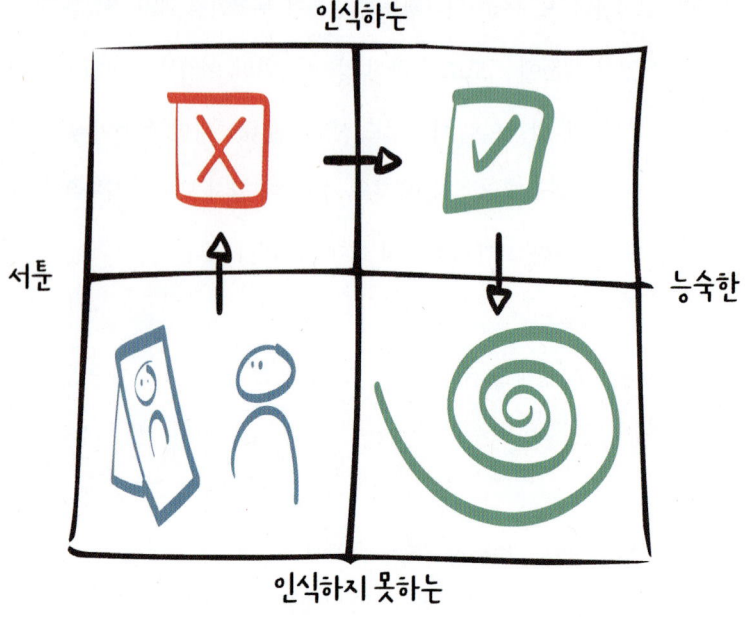

그림 3.3 인식과 역량의 사분면

"많은 사람들은 자신의 행동이
가장 큰 장애물이라는 것을 깨닫지 못한 채
다른 장애물에 대해서만 이야기한다."

얼마나 많은 사람이 자신의 행동과 기술 부족을 인식하지 못할까? 일반적으로 남성은 주로 자신의 자질을 과대평가하는 반면 여성은 과소평가하는 경향이 많다고 한다. 남자와 여자를 훈련시키는 기준에도 차이가 있어야 할 것으로 보인다.

수준별 학습

지식을 확대하려면 3단계를 거쳐야 한다. 책을 읽고 지식을 얻는 행위는 더 높은 수준의 게임을 계속하기 위해 취해야 하는 1단계의 행동에 속한다. 얻은 지식은 자신의 것으로 만들어야 한다. 심화 과정으로 나아가려면 얻은 지식을 다른 사람들과 공유해야 한다. 가령 다음과 같이 진행할 수 있다.

1. 다양한 형태의 콘텐츠를 통해 지식을 습득한다. 예를 들어 오디오북 듣기, 텍스트 읽기, 일러스트레이션 감상, 프리젠테이션 감상 등이다.

2. 습득한 지식을 가공하여 실무에 적용한다. 간단하게는 계산, 사례 설명, 시험 문제에 얻은 정보 적용하기 등이다. 지식의 습득 여부는 실제로 테스트를 하는 것이 훨씬 더 효과적이다. 가령 수영하는 법에 관한 책을 3년 동안 읽을 수 있지만, 제대로 정보를 얻었는지 확인하고 싶다면 수영장에 가는 게 가장 확실할 것이다.

3. 다른 사람들과 공유한다. 이 마지막 단계는 모든 사람을 위한 것이 아니며 교육기관에서도 체계적으로 가르치지 않는다. 오디오북 요약, 블로그 게시물 작성, 프레젠테이션 등 어떤 형식이든 얻은 지식을 다른 사람에게 전달하는 것은 내용 이해도를 높인다. 이 마지막 단계에서는 얻은 지식을 자신에게 의미 있는 방식으로 재구성해야 한다. 게다가 작성하거나 발표한 것에 대해서도 다른 사람에게 피드백도 얻을 수 있다. 피드백은 종종 새로운 통찰력을 가져다준다.

사람들이 무언가를 하는지 안 하는지 여부는 그들이 아는 것에 영향을 받는다. 또한 지식의 부족, 잘못된 정보, 이전의 부정적인 경험도 사람들의 행동에 영향을 미친다. 우리가 말벌을 두려워하는 이유는 말벌이 침으로 공격할 수 있다는 사실을 알기 때문이다. 따라서 때론 지식이 실행에 방해와 장애를 일으킬 수도 있다.

실행에 영향을 미치는 요소: 가능하다

행동의 가장 물리적인 측면은 '할 수 있다'는 점이다. 원하는 것과 아는 것이 주로 사람들의 머릿속에서 일어난다면 행동이나 활동은 물리적, 유형적 증거가 될 수 있다. 모든 개별 조직 구성원의 작업은 전체 조직의 변화에 대한 잠재적 영향과 용량을 결정한다. 직원이 조직의 변화 능력에 미치는 영향은 직원의 역량, 재능, 성격, 능력에 따라 달라진다. 선천적으로 리더의 기질을 타고난 사람이 있는가 하면 계산, 만들기, 판매에 뛰어난 역량을 가진 사람도 있다. 역량, 재능, 기술은 밀접하게 얽혀 있고 개발되고 발전될 수 있다. 하지만 성격은 영향을 미치기가 더 어렵다. 성격은 직원의 역량을 강화한다. 강한 의지와 용기를 가진 사람들은 조직을 바꿀 수 있다. 그들은 당연히 조직의 판도를 바꾸는 존재 즉, 게임 체인저라고 불릴 수 있다.

비즈니스 경기장에서 자신의 위치를 적극적으로 보호하고자 하는 조직은 끊임없이 신제품을 개발하고 제조하고 판매하고 개선해야 한다. 이 행동 루프 내의 각 프로세스마다 다른 세트 기술이 필요하다. 이 세트에는 조직의 변경 능력을 높이기 위해 직원이 보유하거나 개발해야 하는 기술이 포함되어 있다. 표 3.5를 참조하길 바란다.

기획	제작	판매	개선
확실성	개념 개발	영업 스킬	상황 인식
창의력	노력	구두 커뮤니케이션	창의력
주도적	소비자 중심	협상	호기심
기업가 정신	결과 지향	사회적으로 유능한	개념 개발
설득력	규율	고객 중심	고객 중심
목표	품질 중심	결과 지향	분석적
확신하는	계획 및 조직화	경청하는	품질 중심
개념 개발	진행 중심	공감하는	경청하는

표 3.5 프로세스별 필수 역량

각 프로세스 내에는 후속 프로세스에도 필요한 역량이 있다. 그림 3.4를 참조하길 바란다. 이것은 서로 다른 프로세스에 관련된 사람들이 '같은 언어'를 말하는 것을 가능하게 하는 '전환 속성'이다. 또한 이것은 사람들이 서로를 소중히 여기도록 만드는 요소다. 이런 요소들 덕분에 사람들을 서로 연결할 수 있다.

기획을 개선하는 과정에서 '창의력'과 '개념적 사고' 두 가지가 있다. 기획에서 제작까지는 '개념적 사고'다. 제작에서 판매까지는 '고객 중심'과 '결과 지향'이고, 판매에서 개선까지는 커뮤니케이션과 '고객 중심'이다.

이 모델은 4가지 색상을 기반으로 리더십 자질을 가시화한다. 노란색은 비전을 개발하고 개선을 제안하는 능력을 나타낸다. 파란색은 주로 분석적으로 생각하는 능력을 나타낸다. 녹색은 일을 완수하는 능력과 관련이 있고, 빨간색은 주로 감정적인 요소와 관련이 있다.

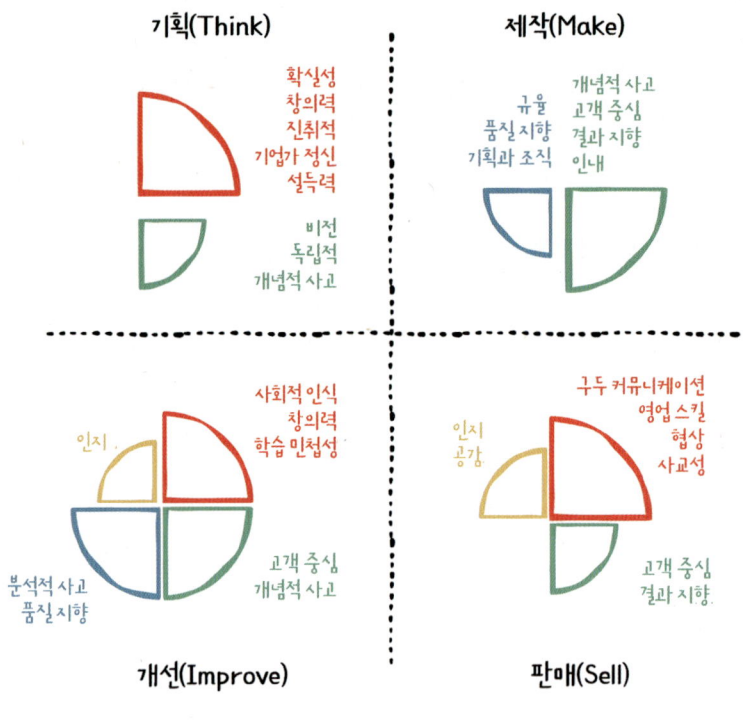

그림 3.4 프로세스별 개발 가능한 역량

기획

기획에서는 빨간색 사분면이 지배적이다. 기획과 관련된 역량은 주로 외부 환경 변화에 유연하게 대응하는 능력에 달려 있다. 이 역할에 필요한 역량은 일반적으로 개발하기가 어렵다. 즉, 모든 사람이 이 역할을 그대로 채우거나 배울 수 있는 것은 아니다.

제작

제작에서는 녹색 사분면이 지배적이다. 여기에는 최대 생산을 목표로 하는 역량이 포함되며 관리, 제어, 구조에 중점을 둔 파란색 사분면의 역량도 충분히 지원된다. 녹색 사분면에서 요구되는 역량을 개발하는 난이도는 '평균'에서 '어렵다' 정도다. 파란색 사분면에서 요구하는 역량은 비교적 개발하기 쉽다.

판매

판매는 외부 환경의 변화에 유연하게 대응하고, 접촉하고, 중재하는 능력과 관련이 있는 빨간색 사분면이 지배적이다. 녹색과 노란색 사분면은 각각 결과와 주변 상황에 초점을 맞춘다. 이 역할에 필요한 역량은 상대적으로 개발하기가 어렵다. 결과적으로, 모든 사람이 이 역할을 하거나 배울 수 있는 것은 아니다. 그러나 이 역할은 성장의 영역이 될 수 있다.

개선

개선은 사분면 모두에서 역량을 갖는다. 개선할 수 있는 부분을 결정하려면 다각적인 시야가 필요하다. 이 역할에서 누군가는 다양한 이해관계자의 말을 들을 수 있어야 한다. 또한 그 사람은 해결책을 제시할 수 있을 만큼 창의적이고, 고객의 이익을 충분히 고려할 만큼 고객 중심적이며, 개념을 표현할 수 있을 만큼 품질 지향적이어야 하며, 관련 요구 사항과 조건을 충분히 고려할 수 있어야 한다. 요구 사항과 조건은 미래에 초점을 두고 모든 방면에서 최적의 균형을 염두에 두어야 한다. 여기에서 결단력과 타이밍은 필수적인 요소다.

고도로 단순화된 세계에서는, 이러한 능력을 재능으로 가지고 있거나 그것들을 개발할 수 있는 사람들을 과정별로 찾는 것이 가능할 것이다. 여기서 설명한 다양한 역량들은 일반적으로 조직의 4가지 주요 프로세스(기획, 제작, 판매, 개선) 내에서 고유한 역할을 맡는다. 각 부서와 팀 또는 프로세스에는 새로운 솔루션을 제안하고, 구체화하고, 내부·외부적으로 판매하며, 개선 기회를 비판적으로 바라보는 능숙한 직원이 있어야 한다.

물론 역량 목록은 분기마다 직원의 성과를 측정하고 발전 가능성이 있는 영역을 식별하는 수단으로도 사용할 수 있다. 이러한 방식으로 학습 민첩성이 구조적으로 증가할 수 있다. 그런 다음 직원에게 영감을 주거나(원하다), 지식을 더하거나(알다), 더 능숙하게 만들거나(가능하다), 더 자신감 있게(도전하다) 만들 수 있다.

실행에 영향을 미치는 요소: 도전하다

실패(Fail)는 'First Attempt In Learning'의 줄임말이다.

우리가 무언가를 바꿀 수 있다는 것을 인식하지 못한다면 우리는 변하지 않을 것이다. 변화하고 싶다면 무엇을 바꿔야 하는지 깨닫고 변화하기로 결정해야 한다. 마지막 단계는 과감한 변화를 시도하는 것이다. 종종 우리는 밖으로 말을 꺼내진 않아도 스스로 무엇을 바꿔야 하는지 아는 경우가 많다. 주된 문제는 의지가 충분히 강한지, 그리고 변화를 추진하거나 구조적으로 조직화할 용기가 있는지 여부다.

두려움은 일반적인 감정보다 더 많은 사람들에게 새로운 행동과 도전을 가로막는다. 두려움은 다양한 형태와 수준으로 온다. 많은 경우 포기할 때 "내키지 않았다"고 말하지만 사실 우리는 그룹, 부서, 조직 내에서 벗어나는 것을 두려워한다. 간단히 예를 들면, 많은 사람이 남들에게 괜찮게 보일 만한 옷을 입거나, 유행하는 옷을 입는 이유는 무의식 속에서 자신이 속한 집단에서 벗어나길 두려워하기 때문이다. 한편으로는 독특한 옷차림으로 돋보이고 싶지만, 다른 한편으로는 남들처럼 옷을 입는다는 사실에서 안정감을 느끼길 원한다.

더 간단한 예는 '미지의 것에 대한 두려움'이다. 만약 한 번도 경험한 적이 없는 일이라면, 우리는 쉽게 그것을 무섭다고 여긴다. 평소에 주로 이용하지 않는 교통편을 생각해 보자. 왜 그 교통편을 이용하지 않는 것일까? 사용 방법을 모르거나 길을 잃는 것이 두려워서일까? 길을 잃었을 때 당신에게 일어날 수 있는 최악의 일은 무엇인가? 다른 사람에게 길을 물어야 할 수도 있다. 하지만 그것보다 늦으면 어떻게 되는지, 거래를 놓치는지, 아니면 당신을 기다리는 사람에게 늦을 것이라고 메시지를 보내도 문제가 없는지 하는 요소가 더 큰 문제일 수도 있다.

두려움은 항상 그리고 어디에나 존재한다. 그것은 종종 무의식적으로 우리의 작은 행동에까지 영향을 미친다. 낯선 곳에서 화장실을 가는 것부터, 새 제품을 사는 것, 새로운 방식으로 일하기에 이르기까지 다양한 상황에서 미지의 세계는 우리에게 두려움을 준다. 낯선 장소에서 화장실을 간다고 생각할 때 어떤 두려움이 떠오르는가?

- 화장실은 깨끗할까?
- 나보다 먼저 사용한 사람이 있을까?
- 볼일을 보고 나서 냄새가 많이 나진 않을까?
- 내가 화장실을 사용하고 난 후 다른 사람이 들어오진 않을까?

- 그 사람은 나를 어떻게 생각할까?

우리가 익숙함을 좋아하는 것도 이런 상황들과 크게 다르지 않다. 우리는 긍정적인 경험을 쌓아가며 익숙함을 얻는다. 좋은 경험은 처음에는 의식적으로 느끼다가 나중에는 의식하지 못하고 넘어간다. 동일한 경험을 스무 번 정도 하고 나면 우리는 무의식적으로 그 일을 하지만 왜 그것을 좋아하는지 인식하지 못한다.

두려움은 다양한 방식으로 생겨날 수 있다. 예를 들면 다음과 같다.

- 당신이 따라갈 수 없다는 상황에서 두려움을 느낀다. 종종 부정적인 자아상에 의해 생겨난다.
- 속마음을 모르는 동료를 보며 잘 알지 못하는 것에 대한 두려움이 생겨난다.
- 실패하면 어쩌지 하는 두려움이 있다. 능력에 대한 두려움이라고 한다.
- 과거의 부정적 경험 혹은 실패한 경험에서 비슷한 상황이 오면 두려움이 생긴다.
- 권력자(코치, 교사, 관리자 등)가 주는 압박에서 두려움을 느낀다. 힘의 차이에서 생겨나는 두려움이다.
- 환경이 두려움의 원인이 되기도 한다. 우리의 의지, 지식, 건강을 위협하는 존재가 두려움의 요인이 된다(화재 사고, 맹수의 존재 등).

두려움은 다양한 방식으로 사람들의 변화 가능성에 큰 영향을 미친다. 두려움을 줄이는 한 가지 방법은 안전한 상황에서 실험하게 하거나 소규모로 연습하게 하는 것이다. 또한 가상 경험이 도움이 될 수 있다. 기능성 게임의 프로젝트 리더였던 암로은행(ABN AMRO)의 딕 크리케(Dick Krike)가 변화를 위한 수단으로 기능성 게임을 효과적이라고 거론한 이유가 바로 여기에 있다. 그는 은행을 위해 개발한 기능성 게임들을 '직원들이 안전하게 연습할 수 있는 가상 훈련장'이라고 불렀다. 다시 말해서, 게임은 직원들이 매우 단순한 환경에서 자유롭게 그들의 행동 결과를 실험해 볼 수 있는, 훌륭한 피드백을 제공하는 매체다. 게임 내에서 무엇을 해야 할지 모르는 것은 나쁜 것이 아니다. 만약 실패한다 해도 포인트나 게임 목숨을 잃을지는 모르지만, 당신의 실제 삶은 여전히 남아 있다.

실행에 영향을 미치는 요소 정리

조직의 변화 능력은 직원들의 모든 행동을 합한 것이다. 행동할 것인지 아닌지는 원하고, 알고, 가능하고, 도전하는 측면에 따라 결정된다. 공식은 다음과 같다.

원하다 + 알다 + 가능하다 + 도전하다 = 실행

경험치와 학습 민첩성을 높이려면 모든 측면을 충족해야 한다.
경험 증가 공식은 다음과 같다.

원하다 + 알다 + 가능하다 + 도전하다 =
실행 × 경험(긍정/중립/부정) × 1, 2, 3(경험한 횟수) …

행동의 결과(경험)는 긍정적, 중립적 또는 부정적이며, 행동이 수행된 횟수와 얻은 경험에 의해 강화된다. 과학 연구에 따르면, 긍정적인 경험 +1은 해당 사람이 경험한 총 점수에 기여한다. 부정적인 경험은 3점을 깎아내린다. 부정적인 경험을 가진 사람이 다시 중립적이 되려면 적어도 3번은 같은 행동에서 긍정적인 경험이 필요하다.

Level Up

Level 3 요약 – 플레이어: 원하다, 알다, 가능하다, 도전하다

조직 내에서 변화를 시도하고 정해진 목표를 영구적으로 달성하기 위해 플레이어를 참여시키려면 이들의 요구 사항, 추진력 및 동기를 철저히 파악해야 한다. 특정 목표 그룹에 대해 달성해야 하는 하나의 목표를 기반으로 그룹 구성원이 무엇을 원하는지, 알고 있는지, 할 수 있는지, 도전할 수 있는지를 설명해야 한다. 사람들의 행동과 활동은 각 조직이 수립하는 내부 프로세스와 일치해야 한다. 프로세스는 발명, 제작, 판매, 개선 4가지 요소로 이루어졌다. 사람, 부동산, 프로세스, 그리고 궁극적으로 제품. 각 프로세스에는 서로 다른 역량이 필요하다. 행동 루프 및 조직의 기초가 되는 다양한 측면에 대해 24가지 역량이 정의되었다. 이들 중 상당수는 조직의 엔진이 원활하게 돌아가게 하는 데 필요한 이전이 가능한 역량이다.

LEVEL 4

진행 루프

"조직은 프로젝트 기반의 변화 관리에서
프로세스 기반의 개선 관리로 전환해야 한다."

많은 새로운 비즈니스 모델들이 수십 년이 넘은 과거의 지식을 기반으로 만들어졌다. 그리고 대부분의 조직은 20세기 또는 그 이전의 구조에서 만들어졌다. 불과 10년 전과 비교만 해도 세상은 완전히 다른데, 한 세기는 말할 것도 없다.

최근 경영학 서적의 이론 모델은 대부분 'A-B-C-END' 형태의 선형으로 끝나는 모델이 대부분이다. 아무리 독특하고 지적이며 과학적 요소에 근거하였다 하더라도, 이런 경영학 서적들은 시대에 뒤떨어진 원칙에 근거하거나 순전히 특정한 맥락에서만 작동하는 정적인 방법 위주로만 설명한다. 한 예로 비즈니스 모델 캔버스(business model canvas)*도 일회성 훈련과 유사하며 지속적으로 변화하는 맥락을 무시한다. 사업을 운영하는 것은 일회성 연습이 아니다. 일단 제대로만 되면 모든 것이 순조롭게 진행될 것이라는 낙관적 해석은 당연히 의심스럽다. 성공적인 조직을 운영하려면 제품을 지속적으로 개선하고 프로세스를 최적화해야 한다.

이 레벨에서는 조직이 게임 루프에서 영감을 받아 내부 및 외부에서 프로세스를 최적화할 수 있는 방법을 설명한다. 피드백을 효과적으로 활용하면 상호 시너지 효과를 명확히 할 수 있다. 내가 바라는 것은 '정적인 비즈니스 모델'의 추세를 깨는 것이다. 새로운 모델은 앞서 논의된 게임 루프와

---

* 비즈니스 모델 캔버스(business-model-canvas): 비즈니스에 포함되어야 하는 9개의 주요 사업 요소를 한눈에 볼 수 있게 만든 그래픽 템플릿, 알렉산더 오스터왈더(Alexander Osterwalder)

행동 루프의 메커니즘에 기초한다. 모델의 부품은 모든 조직에서 사용할 수 있을 정도로 일반적이지만, 전술적 수준에선 모든 조직에 구체적으로 설정해야 한다. 이 모델을 '진행 루프'(progression-loop)라고 한다. 루프(loop)는 단어 루핑(looping)에서 파생된 것으로, 올바르게 설정되었을 시 지속적인 성장(진행)과 적응성 증가로 이어지는 동작의 순환을 의미한다.

이제 게임 사고가 조직 혁신과 지속적인 개선을 어떻게 이끌 수 있는지 좀 더 깊이 살펴볼 것이다. 비즈니스 경기장에서 주요 과제가 어디에 있든지 간에, 진행 루프 프로세스를 사용하여 프로세스를 더 잘 조정하고 최적화할 수 있다.

Level 4.1 내부 진행 루프

많은 게임들이 실생활을 기반으로 한다. 팜빌(FarmVille)은 기본적으로 할당된 정원을 가상으로 유지하고 관리한 것에 지나지 않는다. 좋은 게임은 일상적인 동작의 형태로 프로세스의 본질을 제공함으로써 다른 게임들과 구별된다. 플레이어가 자신에게 적절한 목표를 설정하고 진행 상황에 대한 목표 피드백을 받기 때문에 게임을 계속하고 더 발전하는 것이 즐겁다. 많은 게임이 실제 메커니즘 및 시나리오를 기반으로 한다. 지금까지 이 책에서 살펴본

탐구는 또한 다른 방식으로도 작동할 수 있다. 즉, 현실을 게임 메커니즘의 도움을 받아 풍요롭게 만들 수 있다. 새로운 조직 모델인 진행 루프(progression-loop)는 그 목적으로 만들어졌다.

팜빌 게임의 루프를 자신의 경기장과 주요 프로세스에 연결해 보자. 조직은 이익 극대화를 포함하여 조직에 필수적인 과제 및 도전 과제를 가지고 있다. 일반적으로 조직의 목표를 이루기 위해 처음에는 새로운 제품이나 서비스를 위한 원자재나 아이디어를 확보해야 한다. 그 후 제품을 생성, 제작, 개발해야 한다. 결과는 돈으로 교환될 것이다. 이렇게 하면 더 나은 제품이나 서비스를 개발할 수 있으며, 처음보다 더 많은 수익을 얻을 수 있다.

이 프로세스가 올바르게 수행되면 무한 확장되어 조직 내부 및 주변 이해관계자를 위한 지속적인 부가가치 생성이 가능하다. 주주, 직원, 공급업체, 정부, 소비자를 생각해 보라. 이상적으로는 이 모든 작업이 더 효율적인 프로세스를 통해 계속 수행되고, 모든 것이 양방향으로 성장할 수 있어야 한다. 즉, 매출 증가와 비용 절감이다.

그런 과정을 제품 혁신, 뛰어난 운영, 고객 친밀도 증가에서 찾든 혹은 스티븐 코비가 제안하는 7가지 습관에서 찾든 상관없다. 모든 조직은 제품 또는 서비스를 개발하고 그것을 고객에 판매하여 부가가치를 만들어낼 수 있는 새로운 방법을 생각해 내야 한다.

앞에서 언급한 기획, 제작, 판매의 과정을 이미 알고 있던 경영 이론과 비교해 보기 바란다. 표 4.1은 이를 보여준다.

주요 과정	트레이시 & 위어스마 (TREACY & WIERSEMA)	스티븐 코비 (Stephen Covey)	구분
기획	제품 리더십	목표 전개 및 우선순위화	이성적
제작	운영 우수성	시너지 및 다른 관심사 관찰	물리적
판매	고객 친밀성	윈윈(win-win) 상황 창출	감정적

표 4.1 　 기존 모델과 진행 루프 비교

거의 모든 경영서나 비즈니스 모델에는 구조적으로 하나의 주요 프로세스가 빠져 있는데, 바로 '개선 프로세스'다. 레벨 2에서 설명한 소니 사례에서 보듯이 개선은 연구개발부서, 품질보증부서, 고객센터로 한정되어 있는 것으로 보인다. 또한, 개선은 종종 변경 관리 프로젝트 그룹에서 시작된 임시 프로젝트로 간주된다.

개선은 조직 내 모든 직원의 일상적인 활동이 되어야 한다. 감독이나 매니저는 매일 스스로 물어야 한다. 우리가 어제보다 오늘 더 나은 것은 무엇인가? 어떤 직원, 어떤 재산, 어떤 프로세스 또는 제품을 개선할 수 있을까? 개선은 조직의 4대 주요 프로세스 가운데 하나에 속해야 한다. '개선'이 추가된 진행 루프는 그림 4.1과 같다.

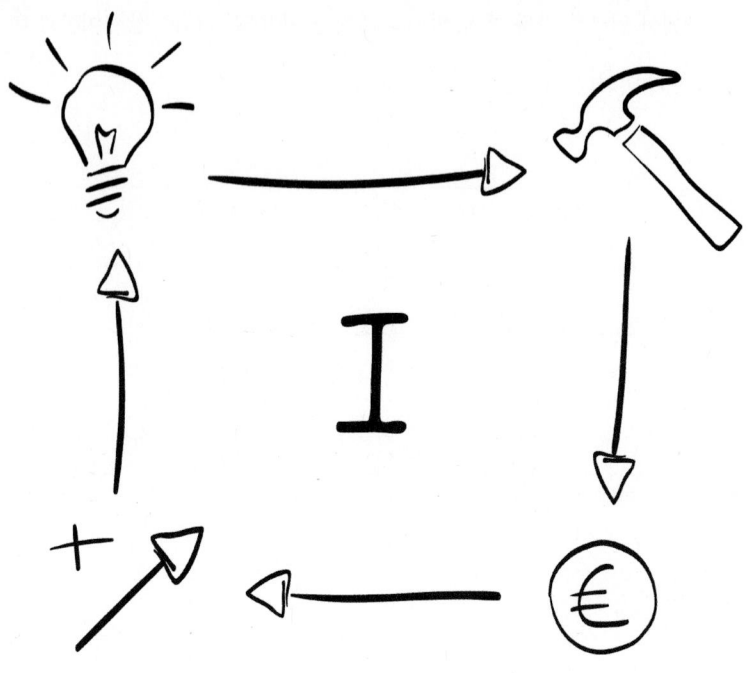

그림 4.1 진행 루프(내부)

4가지 주요 프로세스의 이름을 간단히 살펴보겠다. 루프에 선택된 용어는 기획, 제작, 판매, 개선이다. 이 용어는 탐구, 실행, 교환, 탁월로 해석할 수 있다. 조직마다 주요 프로세스에 다른 의미와 내용을 부여한다. 개선이라는 말에는 '직원들이 도전하여 실험한다'는 의미가 담겨 있다. 매주 같은 일을 하면 예상된 결과를 보장한다. 그러나 더 나은, 더 빠른, 더 간단한 다른 방법으로 목표가 달성될 수 있는지 알려면 새로운 도전을 해봐야 한다. 조직의 변화 역량은 도전을 통해 실제로 성장한다.

각 공정에는 서로 다른 수준도 있다. 예를 들어, 새로운 아이디어는 제품이 출시되기 전에 먼저 '내부적으로 확인'되어야 하는 경우가 많으며, 여러 번 반복한 후에는 결국 외부 비즈니스 경기장인 공개 시장에서 판매될 것이다. 판매 프로세스(교환)는 제안(레벨 1), 테스트(레벨 2), 판매(레벨 3) 순으로 구분할 수 있다. 판매 프로세스 과정에서 처음에는 아이디어 제안이 시작된다. 제안 후에는 받은 피드백을 바탕으로 어떻게 제품을 개선할 수 있을지 고민한다. 피드백을 바탕으로 아이디어를 더욱 구체화하고, 어떻게 하면 프로토타입으로 구체화할 수 있을지 고민할 것이다. 고안된 프로토타입 아이디어는 가능한 목표 그룹 내에서 테스트할 수 있다. 그룹 내에서 얻은 피드백은 실제 프로토타입 제작에 반영된다. 이 과정에서 얻은 통찰력은 제품의 초기 버전을 완성하는 데 도움이 되며, 완성된 초기 버전은 출시 전 제품으로 제공 혹은 판매할 수가 있다.

혁신에 대해 조언하자면 가능한 한 작게 시작하고 틈새 시장에서 시작하라고 말하고 싶다. 이렇게 하면 게임에서처럼 낮은 단계에서 높은 단계로 올라가며 '레벨업' 성장을 경험할 수 있다. 이를 전략적, 전술적, 운영적 차원에서 잘 활용한다면 급변하는 환경 속에서도 지속적 적응이 가능하다. 조직의 적응 및 변경 능력 향상은 자동으로 이루어진다.

진행 루프의 핵심 개념은 제품, 프로세스, 속성 및 인력을 '더 높은 수준'으로 끌어올려 조직의 성능을 지속적으로 향상시키는 것이다. 그런 의미에서 그것은 한 부서의 노력만으로는 이루어질 수 없다. 최소한 조직 내 모든 사람이 각 개선 단계에서 자신의 의견을 공유(피드백 제공)하며 지속적으로 참여해야 한다. 부서별 구조를 가진 전통적 조직에서, 진행 루프는 다음과 같이 작동한다.

- 개선 : 판매 후 평가, 고객 서비스(불만), SNS, 인력 개발
- 기획 : 연구 개발, 품질 관리 및 소비자 패널
- 제작 : 구매, 계획, 생산, 판매 및 재고 관리(원료, 반제품 및 제품 대상)
- 판매 : 브랜딩, 마케팅, 판매, 물류

물론 이는 조직마다 다르기 때문에 이 분류는 완전하지 않다. 그러나 내부 진행 루프에서 전통적인 부서의 분포가 어떻게 가능한지는 보여줄 것이다. 시설, 재무, 인사, 법무 같은 지원 부서는 주요 과정을 지원하기 때문에 여기에 포함되지 않는다. 그들은 주로 경기장의 특성과 경계를 결정한다. 그렇다고 해서 그 부서가 조직의 기획, 제작, 판매, 개선에 기여를 할 수 없다는 것을 의미하지는 않는다.

조직 내에서 기획, 제작, 판매, 개선의 주요 프로세스는 어떻게 작동하는가? 새로운 제품을 기획하는 것이 조직 내에서 필수적인 프로세스인가? 제품 기획과 생산 부서는 서로 관련이 없는 다른 관리자와 핵심성과지표(KPI)를 가진 부서인가? 프로세스의 연속성은 어떻게 구성되며, 프로세스 간의 관계는 어떻게 되는가? 판매 부서의 역할은 무엇이며 제품에 대한 피드백은 개선

과 관련하여 어떻게 수행되는가? 조직 내에 지속적인 '피드백 루프'가 있는가? 해당 피드백으로 제품, 속성, 프로세스, 인력의 구조적 개선은 어떻게 이루어지나? 또한 어떤 시스템(소프트웨어), 구조(부서) 및 규정이 이를 방해하는가?

개선의 단계

진행 루프는 모든 조직이 지속적으로 매 단계에서 최적화해야 하는 4가지 주요 프로세스에 근거한다. 내용은 다음과 같다.

❶ 기획

이전 피드백 및 직원 피드백을 기반으로 새로운 프로세스, 제품, 인공지능, 속성, 또는 이런 것들의 조합을 발명한다.

❷ 제작

구상한 대로 여러 가지 연속 버전(프로토타입, 베타, 마스터, 버전 1.0, 버전 1.1, 버전 1.2 등)을 만든다.

❸ 판매(내부 및 외부)

테스트, 피드백 요청 또는 가치 교환을 목적으로 서로 다른 당사자 간의 가치 거래가 이루어진다.

❹ **개선**

내부 및 외부 판매 후 얻은 새로운 통찰력을 기반으로 프로세스와 제안을 최적화한다.

어떤 프로세스를 개선한다 해도 괜찮다. 개선은 항상 출발점이 될 수 있다. 개선 프로세스는 모든 조직의 핵심에 있어야 한다. 개선 프로세스에는 몇 가지 단계가 있다. 조직을 둘러싼 환경은 끊임없이 변화하고 있다. 따라서 기존 상태를 유지하는 것 자체가 이미 조직에겐 활동적인 상태라고 볼 수 있다.

유지는 비즈니스 경기장에서 중립적인 역할을 한다. 그것은 기계를 계속 가동시키거나 시장 위치를 유지하는 것을 의미한다. 반면 혁신은 잠재적 영향은 크지만, 위험 요소를 포함하여 다른 결과를 가져오는 경우가 많다.

'아무것도 하지 않는 것'은 선택사항이 아니다. 왜냐하면 이것은 조직을 수리하게 만들거나 더 나쁜 요소(기계, 사람, 방법, 자원)들로 교체하게 만들기 때문이다. 그러면 당신은 빠르게 비즈니스 게임에서 2-0으로 뒤처질 것이다. 변화하는 환경 속에서 정지는 말 그대로 쇠퇴를 의미한다.

개선의 다양한 수준은 다음과 같다.

- 혁신 : + + +
- 개선 : +
- 유지 : 0(실제로는 보존)

- 수리 : -
- 교체 : - - -

진행 루프는 직원들을 부서별 또는 고정된 구조로 나누기보다는, 설정된 과제를 둘러싼 프로세스 안에서 여러 분야의 팀들과 작업한다고 가정한다. 마케팅 부서에서 일한다고 해서 영업이나 재무 최적화에 영향을 줄 수 없는 것은 아니다. 모든 직원들은 끊임없이 그들 자신과 일하는 과정, 이용 가능한 자산을 활용하여 제품을 발명하고 제작하고 판매하고 개선하는 데 지속적으로 참여해야 한다.

시간 재분배

진행 루프를 활용한 프로세스 개선은 시간 단위로 표현할 수도 있다. 하루를 블록으로 나누는 방법이다.

- 기획(아침 - 사무실이 아닌 장소)
- 제작(생각이 끝나자마자 - 사무실에서 팀 단위로 제작)
- 판매(말하기, 무언가를 제작한 후에도 가능 - 고객 등 외부 당사자에게)
- 개선(판매 단계에서의 피드백 처리)
- 이후 어떻게 더 개선할 수 있는지 다시 생각하기

구글을 비롯한 여러 회사에서는 직원들에게 그들의 시간 가운데 10-20%를 세상을 개선하고 비전을 생각하는 데 할애하도록 허용하고 있다. 이런 일은 꼭 사무실에서만 일어날 필요는 없는데, 왜냐하면 영감을 받기에는 좋은 장소가 아닐 가능성이 많기 때문이다. 좋은 아이디어는 의외의 시간, 예를 들어 샤워를 할 때나 명상을 끝내고 난 후 떠오를 때가 많다.

규율의 상호작용

게임 업계와 마찬가지로 실리콘 밸리의 회사는 팀에서 다양한 분야와 협력하는 경우가 많다. 여기에는 기획자, 제작자, 판매자, 개선 관리자가 포함될 수 있다. 이성, 신체, 감정, 영성의 상호작용은 항상 새로운 통찰력으로 이어진다. 현재의 실패 상황에서 새로운 도전을 하려면 개선 관리자가 필요하다. 개선하고자 하는 바를 현실적인 계획으로 표현하려면 기획자가 필요하다. 목표 그룹이 가진 물리적 필요를 감성적 필요성으로 바꿀 수 있고 대내외적으로 판매하려면 판매자가 필요하다.

프로세스는 회의에 참여한 사용자 간에 자연스러운 이동이 이루어진다. 개선 관리자는 자신의 꿈을 기획자에게 설명할 수 있어야 한다. 기획자는 제작자에게 영감을 줄 수 있어야 하며, 영업사원도 기획자에게 직접 피드백이나 의견을 제시할 수 있다.

이때 팀에서 직원들이 가진 이전이 가능한 특성은 중요한 역할을 한다.

직원은 필요할 때 에너지를 전달할 수 있어야 한다. 이에 영향을 미치는 전환 가능한 역량은 경청 능력, 창의력, 개념적 사고력, 고객 중심 및 결과 지향성 사고다.

새로운 아이디어가 떠올랐다고 해도 개선 제안으로까지는 잘 이어지지 않는다. 아마도 생각해낸 것이 무엇이든 아직 완성되지 않았거나 시장에 내놓기에는 불충분하다고 판단할 수 있다. 하지만 그런 사고방식을 버려야 한다. 작업 방식의 혁신 전문가인 마르테인 아슬란더(Martijn Aslander)는 이 상황을 '영구적인 베타 상태'를 개선할 수 있는 기회라고 말한다. 출시 후 목표 그룹의 제품 사용은 종종 새로운 통찰력으로 이어진다. 사용자 경험에 대해 소비자에게 피드백을 묻는 것이 더 중요한데, 왜냐하면 우리는 게임처럼 사용자 경험을 만들지 못하고 단지 제품만 만들 수 있기 때문이다. 이러한 피드백을 활용하여 제품을 다시 개선할 수 있다. 이때 서로 다른 부서, 사람들 간의 상호작용은 큰 힘을 가진다.

그리고 비소비자가 당신의 제품을 사지 않는 이유를 알아내는 게 훨씬 더 중요할지도 모른다. 대부분의 기업이 그렇듯 당신 또한 그들을 자신의 고객으로 만들고 싶어한다. 사람들은 왜 제품을 구매했는지는 빠르게 묻지만, 제품을 구매하지 않는 이유에 대해선 그렇지 않다. 하지만 우리가 제품을 구매하지 않는 이유에 대해서도 관심을 가져야 한다. 소비자 피드백을 혁신을 위한 자료로 사용하여 외부 상황에 대해 논의하겠다.

진행 루프는 여러 관념적 단계에서 작동할 수 있다.

- 전략적 단계 : 조직
- 전술적 단계 : 부서 또는 프로세스
- 운영적 단계 : 임원

다음은 각 단계가 조직에 적용될 때 어떤 도움이 될 수 있는지 보여주는 예다.

> **[전략적 단계의 실제 사례]**
>
> 브랜드뉴게임(BrandNewGame)은 2009년에 개설되어 지금까지 여러 분야에서 활동하고 있다. 우리가 시행하는 프로세스는 상호 시너지를 보장하며, 덕분에 매출과 이익, 즉 다른 말로 지속적인 성장을 이루고 있었다. 우리가 진행하는 주요 프로세스는 다음과 같다.
>
> ① 브랜딩, 마케팅, 이슈 변화에 관한 기능성 게임 및 게임화 내용 출판
> ② 이론과 실습 모든 부분에서 지식과 경험을 전달
> ③ 변화를 주도하기 위한 기능성 게임 및 게임화 플랫폼 제작
>
> 이러한 주요 프로세스의 상호작용 시너지가 어떻게 작동했는지 설명하겠다. 브랜뉴게임은 내가 첫 번째 책인 ≪A brand new playground≫(2011, BrandNewGame)를 쓰는 동안 개설됐다. 당시 시장에는 게임을 순수한 오락이 아닌 다른 목적으로 사용할 기회가 종종 있었는데, 나는 그와 관련된 글을 쓰고, 재미있고 효과적인 방법으로 조직을 변화시킬 수 있는 아이디어를 제시했다. 다행히 많은 사람들이 나의 아이디어에 열광적으로 반응해 주었다. 그래서 나의 첫 번째 책은 그와 관련된 내용을 가득 담아 출판했다.
> 그 후에, 이러한 아이디어를 세계 여러 사람들과 공유하기 위해 커뮤니케이션이 가능한 채널을 탐구했다. 채널에는 당사의 블로그, 타사 웹사이트, 마케팅 협회가 주

관하는 다양한 이벤트, 마케팅 정보 이벤트, 비즈니스 컨퍼런스가 포함되었다. 특히 초기에는 전화 홍보를 많이 시도했다. 많은 사람들이 우리의 아이디어 공유에 환영했고, 우리 팀 안에선 점차 새로운 과제가 생겨났다. 약 3년이 지나고 돌아보니 사업은 지속적인 발전을 이루고 있었다. 사업이 성공한 이유를 심사숙고하니 다음 3가지 프로세스 때문이라는 결론을 내릴 수 있었다. 바로 출판, 프레젠테이션, 프로젝트다.

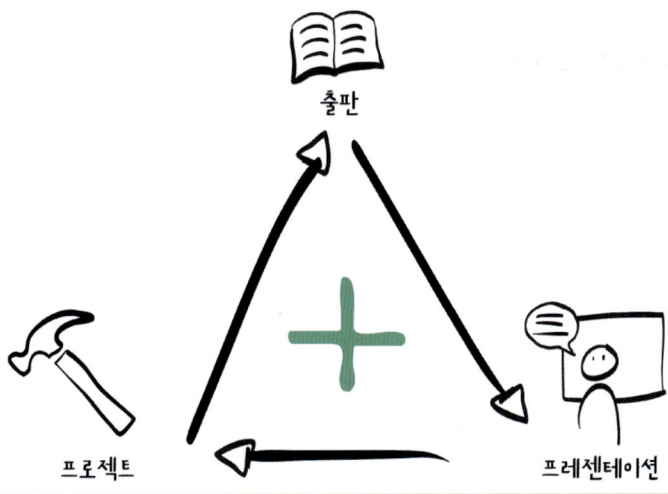

그림 4.2 3가지 주요 프로세스를 활용한 진행

우리는 너무 많은 기사(블로그, 타사 웹사이트, 안내 책자, 도서)를 발표했기 때문에 정기적으로 여러 이벤트에 연사로 초대되었다. 그곳은 브랜드뉴게임의 미래 고객이 많이 참여할 수 있는 장소였다. 그런 다음 프레젠테이션을 하고 피드백을 요청하여 계속 개선해 나갔다. 또한 프레젠테이션 과정은 우리가 다른 조직을 위해 기능성 게임이나 게임화 시스템을 제작할 수 있는지 답을 얻는 통로이기도 했다. 우리는 이렇게 얻은 정보와 피드백을 바탕으로 여러 기사를 쓸 수 있었고, 이것은 다시 우리가 가장 최근에 경험한 것을 나눌 수 있는 또 다른 초청의 장으로 이어졌다.

한편, 이러한 프로세스는 연속성(출판 → 프레젠테이션 → 게임 제작)을 증가시키는데, 개별 프로세스 내에서도 연속성이 증가하고 있었다. 가령 블로그를 시작한 것이 책의 발매로 이어졌고, 그것은 다른 저자로부터의 기고 요청으로 이어졌다. 게다가 종종 무역 저널, 신문사와 인터뷰할 기회도 생겼다.

프레젠테이션 또한 청중의 규모도 커지면서 지난 몇 년 동안 계속 발전했다. 처음에는 거의 텅 빈 방에서 무료로 내 아이디어를 제공했지만, 요즘에는 돈을 받고 요즘전 세계 여러 단체에서 나의 취미를 이야기하곤 한다.

이처럼 우리는 '같은 일'을 하지만 각 프로세스 내에서 끊임없이 '레벨업'을 하고 있다. 지금도 여전히 우리는 같은 일을 한다. 하지만 더 낫고, 더 크고, 더 큰 영향을 미치고 있다. 항상 개선과 발전에 집중한다. 터키에 있는 나의 사업 파트너(Ahmet Akdag)는 이것을 '비슷하지만 결코 같지 않다'라고 부른다.

전략적 수준에서는 이상적 또는 최소한의 조정으로 상호 시너지 효과를 낼 수 있는 프로세스를 구별하는 게 문제다. 명확한 피드백이나 때론 불분명한 피드백을 활용하여 프로세스를 계속해서 개선할 수 있어야 한다. 예를 들어 출판물은 클릭되었는지 다운로드되었는지, 프리젠테이션은 어떤 개선 요청이 있고 어떤 질문이 있었는지, 프로젝트는 목표에 달성되었는지 같은 여부를 측정하고 프로세스의 성공 여부를 파악해야 한다. 그렇게 할 때 조직은 점점 더 개선되고 발전한다.

예시에서 설명한 것을 당신의 조직에 어떻게 적용할 수 있을까? 비즈니스 경기장에서 지속적인 성장을 달성하는 지배적인 프로세스는 무엇일까? 조직이 비용을 절감하면서 매출을 높일 수 있다면 시장에 미치는 영향은 커지고 비즈니스 경기장의 세로축은 길어질 것이다.

다시 말하지만, 게임스톰은 명시된 목표, 도전, 과제에 영향을 미치는 상위 9개의 건설적 프로세스와 파괴적인 프로세스를 식별하는 데 사용할 수 있다. 매출 증가와 비용 절감이라는 두 가지 프로세스 모두 간단한 공식으로 표현할 수 있어야 한다.

전술적 단계로 전환

진행 루프가 훌륭하게 작동할 수 있지만, 전술적 단계에서 각 프로세스는 조직마다 다를 수 있다. 따라서 더 상세하게 설정될 필요가 있다. 일부 부서는 구조화된 방식으로 작업하기를 좋아하고, 다른 부서는 최대한 많은 혼란과 창의성을 원한다. 각각의 부서별로 기획자, 제작자, 판매자, 개선 관리자는 전체 조직을 위한 변화 측면에서 긍정적인 결과를 만드는 데 기여할 것이다.

그림 4.3 진행 루프(내부) 확장

진행 루프의 각 주요 프로세스는 모든 경우에 3개의 시간적 하위 프로세스로 나눌 수 있다. 직원 또는 부서는 항상 프로세스를 준비하고, 그것을 수행하고, 해당 작업의 결과로부터 새로운 것을 배운다. 이러한 일련의 활동은 지속적인 개선으로 이어져야 한다. (내부) 진행 루프의 보다 광범위한 변형은 그림 4.3과 같다.

앞서 설명한 것처럼, '기획', '제작', '판매', '개선'의 과정은 '탐색', '실행', '공유', '수정'으로도 해석된다. 이런 관점의, 자유로운 상태에서 조직의 지배적인 과정에 맞는 행동을 선택해야 한다. 그것이 책을 쓰든, 프레젠테이션을 준비하든, 서비스를 계획하든, 생산 과정을 설명하든 말이다. 전술적 단계에서 진행 루프가 조직에 어떻게 작용할 수 있는가는 표 4.2와 같다.

과정 레벨	개선	기획	제작	판매
1	영감을 얻음	내부적으로 공유하고 실현할 수 있는 방법을 고려	게임의 보드와 시각적인 판 제작	내부에서 발표 또는 플레이
2	추세를 발견하고 관련된 요소를 그룹화	조직이 이러한 추세에 어떻게 대응할 수 있는지 고려	신제품 또는 개선품 개발	시제품이 가능한지 테스트(관련성 있고 상업성이 있는지)
3	전술 개발	비즈니스 계획 작성	행동 계획 작성	모든 행동을 나누고 위임
4	행동 실행	제작 과정 및 출시 후 얻은 피드백 처리	생산	판매
…	…	…	…	…

표 4.2 전술적 단계에서의 진행 루프

표 4.2의 기획, 제작, 판매 요소는 다음 예시처럼 구체화하고 발전시킬 수 있다.

- 예측(비전) : 빅데이터에 대한 예상 동향이나 분석을 통해 얻은 영감을 바탕으로 이러한 일이 발생할 것을 예상한다
- 과제(목표) : 그래서 우리가 이것을 하거나 만들 것이다 / 그것은 우리가 이것을 반대하고 멈추는 이유다.
- 판매(과제를 측정할 수 있는 수치) : 비즈니스 계획에 따라 원하는 성장을 달성하려면 이 수치만큼의 매출을 달성해야 한다.

조직이 주요 프로세스와 하위 프로세스에 지속적으로 피드백을 수집하고 관리하면 잘 진행되고 있는 것과 그렇지 않은 것에 대한 통찰력을 계속해서 얻을 수 있다. 그러면 잘 진행되는 것은 계속 진행하고, 그렇지 않은 것은 개선하거나 종료시킬 수 있다.

각 하위 프로세스에 대한 자세한 해석은 조직마다 다르므로 여기서는 다루지 않는다. 조직의 진행 루프가 적절하게 설계되면 변경이 일정해지고, 결국 변경 프로세스는 사라질 것이다. 그러니 변경 관리에 대해 언급하는 것보다는 변화의 역량 증대, 간단히 말해서 개선에 대해 이야기하는 것이 더 좋다.

운영적 단계로 전환

임원진에서는 매주 개선 프로세스를 설정할 수도 있다. 매주 시간을 내어 팀 혹은 일대일로 무엇을 더 잘할 수 있고 어떻게 하면 좋을지 생각하는 시간을 가질 수 있다. 할 수 있는 일에 집중하면서 매달 다음과 같은 사항을 생각해 볼 수 있다.

- 직원 : 본인 및 팀원
- 자산 : 업무 수행에 필요한 사무실, 자료, 자원과 같은 상황적 요소

- 프로세스 : 실제 작업을 수행하고 함께 진행
- 제품 : 감지할 수 있는 결과

게임스톰은 개선 제안을 여럿이서 함께 신속하게 도출할 수 있는 이상적인 도구다. 매주 두 명 이상이 한 시간 안에 플레이할 수 있다. 게임스톰의 주요 질문은 다음과 같다. "인력, 자산, 프로세스, 제품을 개선하기 위해 어떤 목표를 설정해야 하는가?"

예를 들어, 목표는 "p1, p2, p3, p4 중 하나를 개선하고 싶다"가 될 수 있다. 이 목표가 공식화되면 왜 지금 그것이 가능하지 않은지 생각하기 시작할 것이다. 생각할 수 있는 모든 것 중에서 가장 지배적인 3가지를 선택한다. 즉 목표(원하다), 정보(알다), 역량(가능하다), 용기(도전하다)에 가장 큰 영향을 미치는 3가지를 선택한다.

그런 다음 당신 또는 다른 누군가가 지금까지 이러한 장애물을 어떻게 유지해 왔는지에 대해 생각한다. 30분 후에는 문제를 뒤집어서 부정적인 단어를 긍정적인 말로 바꾼다. 이것은 그 주에 당신이 목표를 달성하기 위한 취해야 할 9가지 변화 행동이다. 마지막으로, 이 변화 행동들의 영향을 계산해야 한다. 다만, 주간 주기로 실행할 경우에는 이 작업이 다소 복잡해질 수 있다.

한 주가 끝나면 진행 상황을 확인한다. 이 9가지 작업은 성공적이었는가?

성공적이지 않은 것은 무엇이었나? 왜 성공하지 못했는가? 만일 행동이 한 주에 수행하기에 너무 크다면, 그것을 동료와 함께 수행하거나 대리인에게 위임할 수도 있다. 진행 순서는 다음과 같다.

- 인력, 자산, 프로세스, 제품에 초점을 맞춘 주간 목표를 수립한다.
- 가장 중요한 장애물을 정의한다 : 목표(원하다), 정보(알다), 역량(가능하다), 용기(도전하다)가 부족한가?
- 장애가 되는 이유는 무엇인가? 당신을 멈추게 만드는 3가지 행동과 시작하게 만드는 3가지 행동을 적는다.
- 가장 무의미한 행동은 즉시 중단하고, 가장 좋고 간단한 동작으로 시작한다. 여러분의 행동은 가중치를 매기거나 곡선 형태로 기록한다. 간단, 보통, 어려움, 매우 어려움 등의 가중치를 적용한다. 또한 각 활동에서 진행 전과 진행 후의 한 시간은 차단하는 게 좋다. 많은 사람들이 이것을 잊지만 모든 행동은 준비와 후속 조치를 필요로 한다.

때론 일을 시작하는 것만큼이나 멈추는 것도 중요하다. 많은 조직이 새로운 기획과 작업을 끊임없이 지속한다. 그러나 조직의 변화 능력을 높이길 원한다면 가장 중요하고 영향력 있는 일에 집중해야 한다. 이것은 완벽을 추구하는 것이 아니라 주어진 시간과 다른 제약 속에서 최적의 결과를 추구하는 것이다. 그러면 80%의 완벽함도 최적의 상태가 될 수 있다. 가장 덜 건설적이거나 심지어 파괴적인 행동도 당신이 더 건설적인 것으로 기대하는 행동으로 대체되어야 한다. 그렇게 과감히 실험하고, 놓아주고, 배워야 한다.

Level Up

Level 4.1 요약 – 내부 진행 루프

요약하면 경험이 증가하면 기획, 제작, 판매, 개선은 더 높은 수준으로 성장한다고 말할 수 있다. 진행 루프는 전략적(장기), 전술적(분기별, 연간), 운영적(주간) 등 모든 수준에서 설정할 수 있다. 각 프로세스에는 시간별로 이전, 지금, 이후의 단계가 있다. 당신이 사전에 생각한 것이 성공하였는지를 측정함으로써(점검), 당신은 업무를 준비하고(이전), 수행하고(지금), 이를 통해 배워야 할 것(이후)이다. '이후' 단계를 행동에 피드백을 주는 것으로 생각한다면 게임의 가장 중요한 메커니즘 중 하나라고 여길 수 있다. 동료와 친구들의 피드백은 종종 친근하고 애매한 경우가 많지만, 고객 및 비구매자로부터 얻는 피드백은 조직의 평판과 지속적인 성장을 위해 꼭 필요한 요소다. 그리고 당신이 아무 행동도 취하지 않는 것은 최악의 선택을 하는 것이다.

Level 4.2 외부 진행 루프

모든 조직은 외부 환경의 영향을 받는다. 외부 경기장은 그 어느 때보다도 복잡하고 빠르게 변화하고 있다. 이 책의 핵심은 내부 조직과 직원들에게 있지만, 외부 환경 또한 관심 있게 보아야 한다. 개선, 기획, 제작의 내부 프로세스를 통해 판매 프로세스는 외부 환경과 연결된다. 판매 과정에서 판매자와 소비자 간에 양도(교환)가 이루어진다. 소비자 관점에서 구매 프로세스는 다음과 같은 고객 여정의 시간별 프로세스로 나눌 수 있다.

❶ 구매(buy)
❷ 사용(use)
❸ 소비(consume)
❹ 적응(orientate)

외부 프로세스(고객의 여정)의 실질적인 확장은 다음과 같다.

❶ 구매

근처 상점을 검색하기 위해 웹사이트에 로그인하고, 상점(또는 웹상의 상점)에 들어가서 판매원과 교류하고, 제품을 만지고, 냄새를 맡고, 제품을 느끼고, 샘플 제품을 얻거나 맛보고 지불한다.

❷ 사용

포장을 열고, 제품 또는 서비스를 접하고, 구매자가 얻고자 하는 제품 또는 서비스(ex : 갈증 해소, 지식 추구, 음악 제작)를 사용하고, 사용자 안내사항을 확인하기 위해 고객센터에 연락한다. 이것은 긍정적인 경험을 넓힐 수 있는 좋은 기회다.

❸ **소비**

제품이나 서비스가 다 소모될 때까지 일상적 또는 반복적으로 소비한다.(ex : 음료수, 공간 임대, 워크숍 참석).

❹ **적응**

사람들과 대화를 하고, 블로그 포스트를 읽고, 제품 정보를 관찰한다.

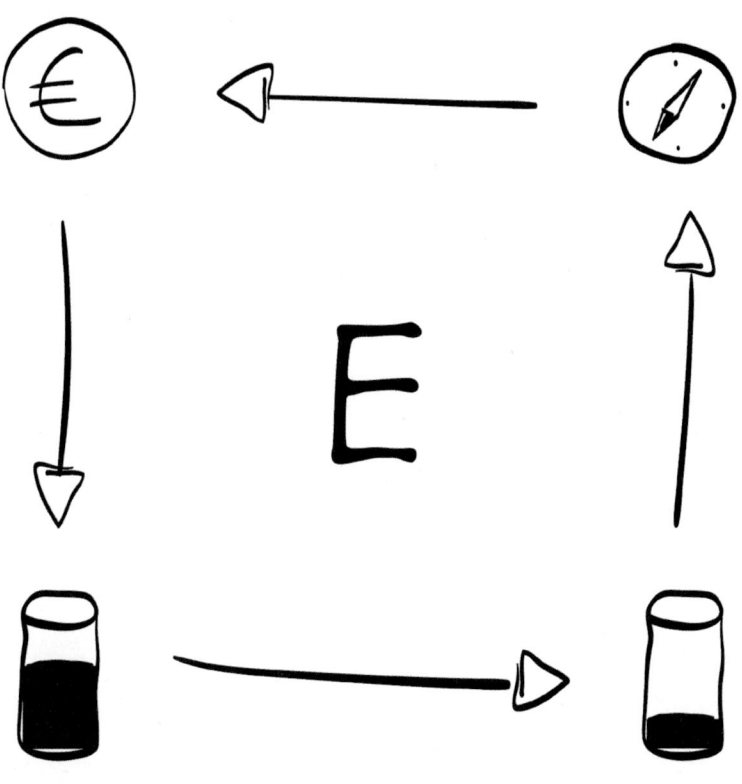

그림 4.4 진행 루프(외부)

앞의 프로세스는 단지 예시일 뿐이다. 내부 및 외부 프로세스는 조직과 고객에 따라 다르다. 조직의 과제가 바로 여기에 있다. 당신의 조직에 최적으로 작동하는 진행 루프를 원한다면, 전술적, 운영적 단계에서 맞추어지고 완성되어야 한다. 외부 프로세스에서 특별한 주의를 기울일 필요가 있는 것은 내부 개선 과정을 위해 활용되는 외부 피드백이다. 피드백의 수집 및 사용은 행동 루프의 기조가 되어야 한다.

구매

아마도 구매 프로세스는 쉽게 상상할 수 있을 것이다. 내부 프로세스 관점에서 볼 때 이 프로세스를 '판매'라고 하며, 외부 프로세스 관점에서 볼 때는 '구매'라고 한다. 이러한 구매 과정은 소비자에게 유쾌하고 특별한 경험을 주어야 한다. 기대를 뛰어넘는 예상치 못한 즐거움을 제공함으로써 구매는 더욱 특별해질 수 있다. 특히 종업원이 제공하는 서비스는 추천고객점수(Net Promoter Score)로 측정되는데, 이는 고객의 판매 경험 및 서비스 공유 여부에 영향을 주는 중요한 결정 요소다.

많은 대기업이 영업 프로세스에서 서비스 수준을 어떻게 높일 수 있을지 고민한다. 서비스는 비용 측면보다는 관심과 시간이 필요한 요소다. 훌륭한 영업 사원은 고객의 말을 경청하고, 공감할 수 있는 언어로 말하고, 올바른 질문을 함으로써 신뢰를 형성한다. 따라서 대화 중에 고객의 구매 의지를 높인다. 영업 사원이 고객에게 최고의 경험을 주고자 하는 마음이 있다면 이미 좋은 서비스는 달성된 것이다. 영업사원 활동에 기초가 되는 4가지 요소는 다음과 같다.

❶ 이 제품으로 무엇을 하고 싶거나 성취하고 싶습니까?(원하다)
❷ 이미 정보를 얻었나요?(알다)
❸ 비슷한 제품을 사용해 본 적이 있습니까?(가능하다)
❹ 어떤 이유로 지금 구매를 하지 않습니까?(도전하다)

문구가 다소 딱딱하지만, 고객과의 대화에서 생각할 바가 무엇인지는 분명히 볼 수 있을 것이다. 고객의 답변을 간단히 예상할 수도 있지만, 예상 답변을 확장하는 것이 더 바람직할 때도 있다. 만약 누군가가 차를 산다고 할 때 구매자가 차를 운전할 것이라는 생각이 논리적으로 보이지만, 실제로는 다른 사람을 위해 차를 구매하는 경우일 수도 있다. 핸드폰을 사는 사람은 당연히 통화를 할 목적이겠지만, 그보다는 핸드폰으로 게임을 하거나 뉴스를 읽거나 사진을 찍는 데 더 관심이 많을지도 모른다. 제품의 '더 높은 목적'을 이해하기 위해서는 사람들의 욕구를 확장시켜 생각하는 것이 필요하다.

대화가 정해진 순서로 이루어질 필요는 없지만, 제품이 판매될 것인지 아니면 판매되지 않을 것인지에 대한 명확한 아이디어를 얻고자 한다면 모든 질문에서 답을 찾아야 한다. 고객이 구매하지 않는 경우에는 피드백을 얻어 조직과 공유해야 한다. 영업 토론 중에는 가능한 이의를 제기될 수 있어야 한다. 그래야 조직이 제품 또는 서비스 개선에 반영하고 노력할 수 있다.

> **[모바일 피드백 애플리케이션]**
>
> 2015년, 약 200개의 점포를 보유한 휴대폰 가입 업체는 직원들이 다른 동료의 전화 영업 상담에 피드백을 할 수 있게 돕는 애플리케이션을 출시했다. 해당 동료는 매장 내 휴대폰이나 PC를 사용하여 영업 상담 단계별로 5개의 객관식 질문과 1개의 주관식 질문에 답을 하고 피드백을 받을 수 있다. 매주 상점 관리자는 전체 상황을 볼 수 있으며 평가 대화에 사용된 내용도 확인할 수 있다. 이러한 방식으로 동료 동료들은 서로가 영업 상담을 더 잘할 수 있게 도움을 받는다.
> 피드백을 주고받으면서 직원들은 배지(엠블럼)를 획득할 수 있습니다. 배지를 획득하면, 내부 모바일 네트워크에서 공유하여, 동료들은 서로의 컬렉션을 볼 수 있다. 2016년 〈포켓몬고〉가 엄청난 유행만 보더라도, '수집'과 같은 내적 동기가 얼마나 강력한지는 따로 설명할 필요가 없을 것이다. 이 예제에 자세한 설명은 레벨 6에서 확인할 수 있다.

판매 단계의 성과를 파악하기 위해 판매량, 거래당 단위, 총 매출, 고객 만족도 등 다양한 핵심성과지표를 적용할 수 있다. 그러나 가장 중요한 것은 직원이 고객을 재방문하게 만들었다는 경험을 쌓았다는 점이다.

이상적인 상황이라면 고객은 다음에는 친구와 함께 방문할 것이며, 입소문을 내거나 소셜 미디어를 활용해 경험을 공유할 것이다. 많은 대기업이 여전히 매장 방문 후 고객(비고객)에게 광범위한 설문지를 작성하게 하거나 소비자 패널 업체와 협력하려는 함정에 빠져 있다.

가장 효과적인 방법은 소비자로부터 단계적으로 섬세하게 피드백을 받는 것이다. 판매 중이거나 판매 이후에는 긍정적(+), 부정적(-), 중립적(0) 여부를 확인하는 질문을 해야 한다. 이때 중립적이거나 부정적인 반응이라면, 무엇을 개선될 수 있는지 물어볼 수 있다. 이렇게 피드백 심화가 이루어진다. 이후 고객에게 다음 구매 시 할인이나 추가 보상을 제공함으로써 피드백을 준 고객에게 보상을 할 수 있다.

사용

구매자는 제품을 구매 후 원하든 원하지 않든 모든 면에서 사용자 경험을 획득할 것이다. 제품을 구매 후 포장을 풀고, 열고, 켜고, 사용하는 모든 경험이 제품 경험에 긍정적 혹은 부정적 영향을 미친다. 그런 의미에서 다칠 위험이 있는 커다란 칼로 잘라야만 속을 볼 수 플라스틱 포장은 그다지 좋은 생각이 아니다.

[사용자 경험 피드백]

이와 관련해서, 모디파이 워치[Modify Watches, 2019년 커스텀 잉크(Custom Ink)에 인수]는 기대 이상의 성과를 거둔 좋은 예이다. 이 회사는 킥스타터 프로젝트를 통해, 게임 테트리스 그림이 새겨진 시계를 제공했다. 모디파이 워치의 아이디어는 시계 스트랩 줄과 본체 케이스가 서로 호환된다는 점이었다. 따라서 소비자들은 케이스를 다른 색상의 스트랩으로 교환할 수 있었다.

나 역시 테트리스 다이얼이 있는 시계를 처음 주문할 때는 추가 상품을 구입하지 않았으나 재주문 시에는 추가 스트랩을 포함시켰다. 배송된 상품은 좋고 튼튼한 종이 포장 아래, 깔끔한 판지 상자가 담겨 있었고 손으로 쓴 쪽지가 함께 들어 있었다.

포장이 너무 맘에 들었기 때문에, 나는 테트리스의 노래를 흥얼거리면서 이 상품의 동영상을 만들어 온라인에 올렸다. 그 후 모디파이 워치 팀은 이 동영상을 자체 소셜 미디어 채널에 공유시켰다. 나는 특별함을 느꼈다. 그래서 나중에는 아예 특별 주문 에디션까지 주문했다. 심지어 시계는 차지도 않는데 말이다. 모디파이 워치의 CEO인 애런(Aaron Schwartz)은 처음에 사람들이 겪는 문제를 체험하기 위해 직접 고객 서비스를 실시했다고 한다. 개선을 위한 노력을 확인할 수 있는 대목이다.

제품은 대여 형태로도 구매할 수 있다. 제조업체에 비해 대여 상품을 인상 깊게 만들기가 어려울지 몰라도 '경험'을 만들어준다는 점에서 방법이 없는 것은 아니다. 예를 들어 숙박 렌탈 업체에서는 세입자의 이름이 적힌 열쇠고리를 추가하거나, 와인 한 병을 제공하거나, 임대 서비스를 할인해 줄 수도 있다. 이런 요소들은 모두 '임대 계약 사용'을 특별하게 만든다. 게다가 이것은 고객으로부터 긍정적인 피드백을 받을 수 있는 기회가 되기도 한다. 고객이 경험한 한 순간의 좋은 경험은 소셜 미디어를 통해 공유될 가능성이 높다.

소비

외부 프로세스의 다음 단계는 제품의 소비다. 탄산음료 한 잔은 갈증을 해소하기 위해 비워지고, 렌탈 자동차는 사용할 때마다 조금씩 마모된다. 소비는 제품 사용과 환경 요소(유통 기한, 제품 수명 등) 또는 새로운 트렌드의 결과에 영향을 받는다. 마모 또는 손상이 소비자가 예상하는 것보다 더 크거나 빠르게 발생하는 경우 부정적인 의견이 형성되며, 그 반대의 경우에는 긍정적인 의견이 형성된다.

조직의 마케팅 부서는 긍정적인 의견이 형성되는 방식으로 피드백을 처리할 수 있다. 요즘은 사람들이 제기하는 불만 요소를 어떻게 처리하는지가 관건이다. 고객, 그 가운데서도 팔로워가 많은 인플루언서들은 브랜드에 큰 영향을 미친다. 불만 처리는 프로세스의 끝이 아니다. 피드백 루프가 올바르게 설정된 경우라면 불만 처리는 개선 프로세스의 출발점이 될 것이다. 그러니 적절하고 상황에 맞는 응답을 해야 한다.

CEO가 개선 프로세스를 책임질 경우에도 도움이 된다. 결국 CEO는 조직의 지속적인 진보를 이끌어야 한다. 어떤 형태의 피드백도 기획, 제작, 판매의 각 단계에서 개선에 활용될 수 있다.

적응

적응 단계는 지금도 여전히 프레임워크로 작동하는 전통적인 AIDA 모델의 단계로 세분화될 수 있다.

- 주의(Attention) - 주목할 만한 것을 제공 : "과감해지세요."
- 흥미(Interest) - 관련성을 제공 : "저는 이거 알아요."
- 욕구(Desire) - 소비자를 행동으로 유혹 : "저는 이거 사고 싶어요."
- 행동(Action) - 구매로 전환 : "저는 이거 살 수 있어요."

인식, 고려, 결정, 유지, 지지와 같이 거의 동일한 내용을 설명하는 프레임워크는 꽤 많다. 생각할 수 있고 실행 가능한 레이아웃이 매우 많기 때문에, 여기서는 단순하게 어떤 행동을 하는지 안 하는지를 결정하는 측면에 집중할 것이다. 다시 말해서 원하다, 알다, 가능하다, 도전하다에 초점을 둘 것이다.

• 원하다

구매자가 원하는 것은 무엇인가? 필요한 것은 무엇인가? 접근할 수 있는 추진력, 동기, 신념은 무엇인가? 추구하는 높은 목표가 있는가?

- **알다**

구매자는 무엇을 알고 있는가? 이미 브랜드와 제품에 대해 잘 알고 있는가? 제품을 이미 경험한 적이 있는가?

- **가능하다**

구매자는 이것으로 무엇을 할 수 있는가? 그 제품이 꿈을 실현하는데 어떻게 도움이 되는가? 제품을 어디에서 구입하거나 시험해 볼 수 있는가?

- **도전하다**

구매자가 시도하지 않는 것은 무엇인가? 구매 가능성을 낮추는 장애물은 무엇인가? 만약 제품에 대한 경험이 없다면, 다른 누군가가 도움을 주거나 구매하도록 조언할 수는 없는가? 온라인 샘플 비디오, 매장 내 샘플이 도움이 되는가? 설계가 덜 위협적이거나 덜 복잡하도록 조정할 수 있는가?

조직이 잘 운영되면, 고객은 탐색 과정을 거쳐 제품을 구입하는 자리로 향한다. 반대로 고객이 불만은 있지만 이를 표출하지 않는다면, 조직이 미처 해결하지 못하는 상황이 발생할 수도 있다. 그런 경우, 소비자는 오히려 경쟁 업체에서 대체할 물건을 찾거나 아예 제품의 사용을 중단할 것이다. 하지만 그렇다고 하더라도, 고객과 연락을 유지하는 것은 중요하다. 그가 왜 제품을 바꾸는지 아는 것은 결국 그를 다시 돌아오게 만들 수 있는 기회를 잡는 것이기 때문이다.

Level Up

Level 4.2 요약 – 외부 진행 루프

외부 진행 루프의 요점은 다음과 같다. "구매자를 파악하여 구매 전, 구매 중, 구매 후에 피드백을 수집하라." 고객과 만남을 가지면 관계를 계속 유지해야 한다. 좋을 때도 있지만, 제품이나 서비스가 기대에 못 미쳐 나쁜 상황이 올 수도 있다. 하지만 그때도 자리를 지켜야 한다. 주요 이해관계자들의 피드백을 지속적으로 수집하고 적용할 때 조직은 변화 역량을 계속해서 높일 수 있다.

Level 4.3 진행 루프(전체)

"나는 결코 지지 않는다. 이기거나 배울 뿐이다."

조직이 대응력 있는 조직으로 전환해야 하는 이유가 분명해졌기를 바란다. 대응력이 뛰어난 조직이 왜 '새로운 필요 규범'인지에 대해 몇 가지 외부적 이유들이 있다. 제품을 소개할 때 보통 절반은 실패한다. 실패는 거의 2진법 평가처럼 보인다. 100% 성공이거나 혹은 완전한 실패로 평가된다.

실패(FAIL)라는 단어에는 재미있는 설명이 있다. '학습에서 첫 번째 시도(First Attempt In Learning)'를 의미한다는 것이다. 그렇다면 처음에 어떤 것이 성공하지 못했다고 해도 그것은 아직 실패가 아니다. 그야말로 경험을 더한 것뿐이다. 발명, 제조, 판매 과정을 거치면서 새로운 것을 배운다. 하지만 이상하게도 많은 조직에서는 실패한 사람을 해고하거나 다른 업무를 맡긴다. 가만히 서서 회고하는 것이 때때로 가치가 있음에도 불구하고 우리는 그저 성공을 이야기하는 것만 좋아한다. 하지만 그래서는 아무것도 배우지 못할 것이다.

사실 분기마다 실적 검토만 할 것이 아니라 모든 직원에게 자신의 가장 큰 실수를 공유하도록 하는 것이 좋다. 월말, 분기별 또는 연간 계획 발표 중에 가볍게 음료수를 마시면서 진행해도 좋다. 만약 이때 당신이 코스프레 복장을 하고 등장한다면 여기저기 폭소가 터질 것이다. 유머는 고통을 완화시키고 토론을 진척시키는 효과적인 방법이다.

프로세스가 작동하지 않는 이유를 찾는 것은 작동하게 만드는 것을 분석하는 것만큼이나 중요하다. 실패하는 사람을 즉시 떠나보낸다면 파괴적 혁신으로 이끌 수도 있는 지식과 경험의 백과사전을 떠나보내는 것과 같다. 게다가 그것을 하지 않는 방법에 대한 경험도 함께 떠나갈 것이다.

3M의 예는 전설적이다. 이 미국 회사는 아주 좋고 강한 접착제를 개발하기 위해 노력했다. 몇 번의 시도와 수년의 연구 끝에 끈적임이 낮은 접착제

가 개발되었고, 이것은 계속해서 개선되고 연구되었다. 1977년에는 제품 판매가 성공적이지 못했지만, 1980년에는 무료로 샘플을 나누어주면서 성공적인 판매가 이루어졌다. 1990년대 이후로 포스트잇은 소프트웨어 개발과 창의적 세션에서 필수불가결한 도구가 되었다. 우리가 함께 배운 게임스톰 역시 포스트잇이 없었다면 방법을 제대로 구현하지 못했을 수도 있고, 컬러풀한 세션은 갈색 종이로 대체되었을지도 모른다.

내부 루프가 외부 루프와 결합될 때, 전체 진행 루프는 무한대 기호 모양이 된다. 이것은 단지 우연의 일치가 아니다. 무한대 기호는 양 루프들의 상호 강화 영향을 나타내고, 조직이 변화 능력을 최적화하여 영속적인 생존의 가능성을 어떻게 늘릴 수 있는지 시각적으로 보여준다.

변화 능력이 뛰어난 조직은 지속적으로 높은 수준(레벨업)을 달성하는 데 성공한다. 예를 들어 피드백이 잘 처리되기 때문에 점점 더 많은 고객이 점점 더 자주 제품을 구매한다. 제품은 더 빠르게 전달되어야 하고 다른 방법으로도 납품할 수 있어야 한다. 또한 내부 및 외부 모두에서 각 프로세스에 대한 피드백이 수신된다. 모델을 명확하게 유지하기 위해 피드백을 외부(E)의 '사용(4)'와 내부(I)의 '개선(4)'을 연결하여 표시했지만, 실제로는 그림 4.5상에 있는 모든 프로세스에 적용된다.

생산 과정에서 기획은 피드백을 받기 위해 아이디어를 만들고 공유하고 판매하는 것을 포함한다. 당신은 아이디어를 어떻게 만들고 수행할지에 대해 생각하고, 내부적으로 품질보증 및 테스트 형태로 알서서 받은 피드백을 바탕으로 생산 과정을 개선한다.

외부 판매에서도 같은 방식이다. 기능적 또는 감성적 강점, 목표 고객, 자신만의 경쟁우위 등을 바탕으로 제품을 어떻게 판매할지 생각하고, 교차판매 및 연쇄판매를 포함하여 목표 고객에게 정확한 제품과 서비스를 적시적소에 판매한다. 실제 재화용역 판매(소비자 입장에서는 구매 - 그림 4,5의 ③) 거래를 통해 금전을 획득하고, SNS, 언박싱이나 고객의견 등을 바탕으로 피드백을 수집한다. 이는 앞에서 언급한 '진행루프' 안에서의 여러 미니루프들인 것이다.

이러한 루프가 진행되면서, 만일 제품 브랜드가 높은 가치를 가지고 있거나 고객의 브랜드 만족이 높으면, 고객들은 기존 제품 브랜드를 찾을 것이다. 그렇지 않으면 고객이 대체 브랜드를 찾을 것이며, 이는 경쟁상황이라 할 수 있다. 만일 기존 생산업자가 실제로 똑같은 생산품에 대해서 대체 브랜드를 붙인다면 어떻게 할 것인가?

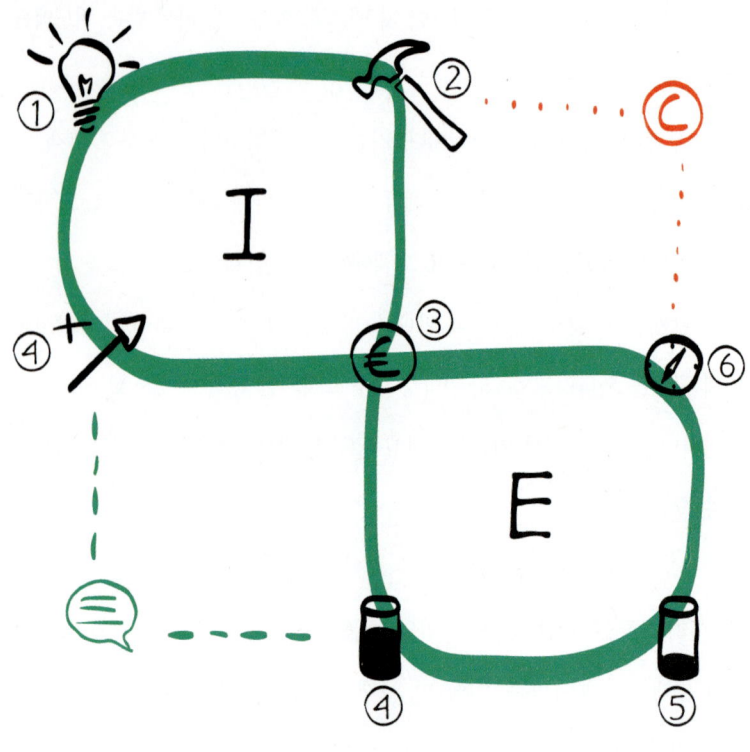

그림 4.5 진행 루프(내부 + 외부)

*내부 I 의 경우 1. 기획 〉 2. 제작 〉 3. 판매 〉 4. 개선 (이렇게 돌면서 레벨업), 외부 E 의 경우 3. 구매 〉 4. 사용 〉 5. 소비 〉 6. 적응

Level 4.4 지속적인 개선을 위한 피드백 활용

피드백은 실제로 무엇이며 진행 루프 내에서 피드백이 의미하는 바는 무엇일까? 몇 가지 단계로 생각해 볼 수 있다.

1. 아날로그 피드백, 디지털 피드백
2. 의식적 피드백, 무의식적 피드백
3. 질적 피드백, 양적 피드백

피드백은 다음과 같이 정의할 수 있다. "피드백은 학습자의 행동을 개선하기 위한 것으로 학습자 표준과 관찰된 동작 간을 비교하여 얻은 구체적인 정보다." 여기서 학습은 학습 조직을 의미한다.

피드백의 다른 단계는 다음 두 단락에서 다룬다.

아날로그 피드백 디지털화

조직은 모든 프로세스에 영향을 미칠 수 있다. 문제는 초점을 어디에 두느냐 하는 것이다. 이상적인 상황이라면 각 프로세스의 모든 이해관계자로부터 피드백을 요청할 수 있다. 피드백은 일관되게 수집되어야 하며 양적, 질적 요소를 모두 포함해야 한다. 아날로그 피드백은 이른바 '교통 신호등 방식'을 사용하여 디지털 방식으로 수집할 수 있다. 이 방법은 프로세스의 각 단계에서 서로 다른 대상 그룹에게 경험한 품질을 묻는 것이다.

- 좋음 : 녹색, +1점
- 더 좋아질 수 있음 : 주황색, 0점
- 나쁨 : 빨간색, -3점

각 판단을 심화시키고자 할 때는 양적 피드백(예 : 별 1-5)을 요청하거나, "무엇을 개선할 수 있는가?"라는 간단한 질문으로 질적 피드백을 추가할 수 있다.

그런 다음 해당 질문에 대한 답변은 지체 없이 내부의 대기 과제(backlog)에 자동으로 표시되어야 한다. 매시간, 일별 또는 주별로 모든 개선 작업은 1에서 9까지의 숫자로 우선순위가 지정된다. 이후 개선 조치는 책임 권한을 가진 팀에 위임된다. 점수는 가장 많은 작업을 수행하고 과제를 해결한 팀에게 주어진다. 그리고 어떤 아이디어들이 불만과 부정적 피드백의 숫자를 줄이는 데 기여했는지도 기록할 수 있다. 개선 작업을 위해 게임스톰 세션을 해당 프로세스를 담당하는 팀과 함께 계획할 수 있다.

물론 피드백을 제공한 사람은 개선 프로세스에 기여했기에 보상을 주어야 한다. 이때 꼭 할인이나 다른 물질적 형태를 취할 필요는 없다. 고객에게 의견의 진행 상황을 계속 알려 주는 것만으로도 충분한 보상이 될 수 있다. 피드백을 제공하는 사람을 개선이 예정된 다음 게임스톰에 초대하는 것이 양 당사자에게 훨씬 더 유용할 때도 있다.

디지털 피드백 사용

양적, 질적 피드백을 적극적으로 요청하는 것 외에도 조직에서는 모든 종류의 데이터를 사용하여 사람들이 원하고, 알고, 가능하고, 도전하는 요소를 측정할 수 있다. 사용자들은 무의식적으로 신체 언어를 사용하며 이런 종류의 피드백을 정기적으로 전달한다. 구글 애널리틱스(Google Analytics)와 서베이 몽키(Survey Monkey)와 같은 다양한 분석 시스템을 온라인에서 무료로 이용할 수 있다. 이 데이터는 프로젝트가 종료된 후 평가할 수 있도록 '최종 보고서'(출력)로 간주되는 경우가 많다. 하지만 데이터는 인력(인사관리 데이터), 자산(설비, 기계, 기타 자원), 진행 루프, 최종 제품 측면 등 다양한 주요 프로세스를 개선하기 위한 입력으로 간주되어야 한다.

궁극적으로 데이터는 대상 그룹이 원하고, 알고, 가능하고, 도전하는 요소를 예측하는 데 사용될 수 있다. 가령 목표 그룹이 정확히 언제 어디서 커피를 마시는지 1년 동안 데이터를 수집한다면, 위의 요소들을 쉽게 예측할 수 있을 것이다.

이미 많은 조직이 자체 데이터를 사용하여 예측을 진행하고 있다. 아직 이 작업을 수행하지 않는 조직이 있다면 지속적인 성장 가능성을 높이기 위해 내일부터 시작해야 할 것이다.

물론 그 외에도 가능한 다른 형태의 유용한 피드백도 많다. 일단 조직이 진행 루프를 통해 새로운 작업 방식으로 전환되면, 다양한 형태의 피드백 및 지원 시스템을 목록화하고 분류할 수 있다. 피드백의 각 형태는 결국 측정 가능한 변수들, 이상적으로는 수입 증가와 비용 감소에 영향을 미치는 모든 것들의 제한된 숫자로 변환되어야 한다.

직원을 지속적으로 교육하고, 최상의 자산을 보유하고, 수집된 피드백을 기반으로 프로세스를 최적화하는 습관을 들이면 특별한 제품을 만들 수 있다.

Level Up

Level 4 요약 – 진행 루프 및 피드백

조직이 게임에서 배울 수 있는 것은 플레이어가 지속적으로 일상적인 작업을 수행한다는 것이다. 구조적으로 플레이어는 이전보다 어려운 단계로 올라가며 레벨업을 한다. 행동 루프 또는 게임 루프의 원리는 전체 조직 구조로 전환된다. 조직의 변화 능력을 향상시키는 4가지 프로세스는 내부와 외부로 구분된다. 내부에는 기획, 제작, 판매, 개선이 있다. 외부는 소비자의 관점에서 구매, 사용, 소비, 적응이 있다. 조직은 모든 프로세스에 대한 피드백을 수집하고 이를 개선을 위한 입력 자료로 사용함으로써 지속적으로 경기장과 연결된다. 소비자 피드백 외에도 공급업체, 소매업체, 기타 이해관계자들의 피드백도 중요하다. 개선의 영향을 파악하기 위해 이 단계에서 다양한 형태의 피드백을 목록화하고, 분류하고, 수치화해야 한다.

LEVEL 5

성과

"이익 자체가 목적은 아니다.
그것은 조직의 목적을 뒷받침하는
모든 활동의 결과다."

레벨 1에서는 어떤 플레이어가 비즈니스 경기장에서 역할을 하며, 그들의 영향력이 얼마나 긍정적이고 부정적이지, 또한 얼마나 증가하고 감소하는지를 알아봤다. 레벨 2에서는 사람들에게 동기를 부여하는 수단으로서 목표의 유용성에 대해 논의했다. 이러한 목표는 전략적, 전술적, 운영적 단계에서 관련 과제와 목표를 포함하여 부서 또는 프로세스별 목표로 전환되고 진행 상황을 측정할 수 있었다.

레벨 3에서는 설정된 목표를 달성하기 위해 행동에 영향을 주어야 하는 대상 그룹을 선택하도록 요청했다. 진행 루프는 조직화에 대해 다른 시각을 제공하고 서로 일치하는 핵심성과지표(KPI)를 가진 부서 구조가 어떻게 행동 루프로 전환될 수 있는지 보여준다. 조직은 질적, 양적 피드백을 적극적으로 요청함으로써 잘되고 있는 것과 개선할 수 있는 것을 배운다. 성능을 측정하려면 이 피드백은 최종적으로 분류되고 수치화되어야 한다. 이러한 방법으로 목표 피라미드와 비교하여 결과가 무엇인지, 핵심성과지표가 여전히 누락되었는지 여부를 대조할 수 있다. 모든 격차는 게임스톰 방법론을 사용하여 해소할 수 있다. 앞으로 이 레벨에서 이것을 살펴볼 것이다. 다음 내용을 확인하자.

❶ 목표 피라미드와 성과를 연결
❷ 피드백을 수치화
❸ 게임스톰을 사용하여 격차 해소

Level 5.1 성과 매칭

물론 모든 조직마다 성공을 측정하는 고유한 방법이 있다. 그러나 부서 구조가 상호 협력을 방해하는 경우가 많다. 분명히 모든 사람이 같은 목표를 위해 노력하고 있지만 각 부서와 팀은 다른 핵심성과지표로 평가된다. 목표 피라미드를 질적 요소 외에 양적(SMART)으로도 구성하여 이 문제를 극복할 수 있다. 전략적, 전술적, 운영적 차원에서 핵심성과지표는 모두가 이해하는 하나의 점수, 즉 금액으로 계산되어야 한다.

최종 제품이 가지는 인력, 프로세스, 속성의 영향은 무엇일까? 다른 말로 하면 사용자에게 추가된 경험은 무엇일까? 조직의 목적이 다음과 같이 결정 됐다고 가정하자. "우리는 지속적으로 생산이 가능한 제품을 만들고, 적절한 시간과 장소에서 판매하여 이해관계자(동료, 고객, 파트너)를 만족시킨다." 설명이 너무 포괄적이지만 이는 단지 하나의 예시일 뿐이다. 이 조직에서 목표 피라미드의 최상위는 그림 5.1과 같을 수 있다.

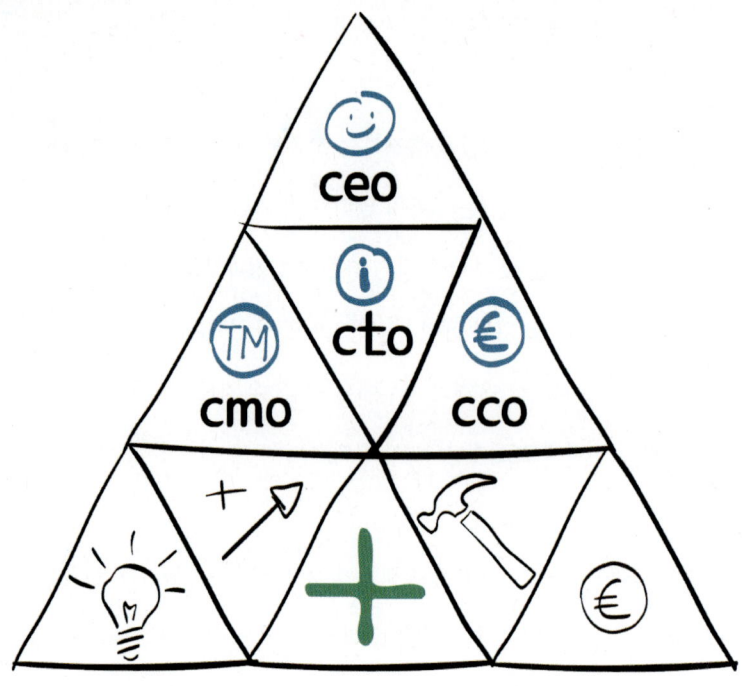

그림 5.1 목표 피라미드

직원(인력)의 어떤 행동과 활동(프로세스)이 이에 영향을 미치는가? 직원들은 지속적인 개선, 발명, 제작, 판매를 위해 무엇을 하는가? 그리고 어떻게 그들의 행동이 점수 모델로 형성될 수 있는가? 이것은 물론 조직마다 다르지만 다음 내용이 지침이 될 수 있다.

이해관계자의 만족도는 아래 내용의 합과 같다.

- 매력적인 조직, 업무, 브랜드 창출
- 공급과 수요에 대해 정확하고 적시의 정보를 지속적으로 보유하고 이를 개인화, 목표화하여 내부에 배포
- 적시에 올바른 장소에서 관련 제품을 제공

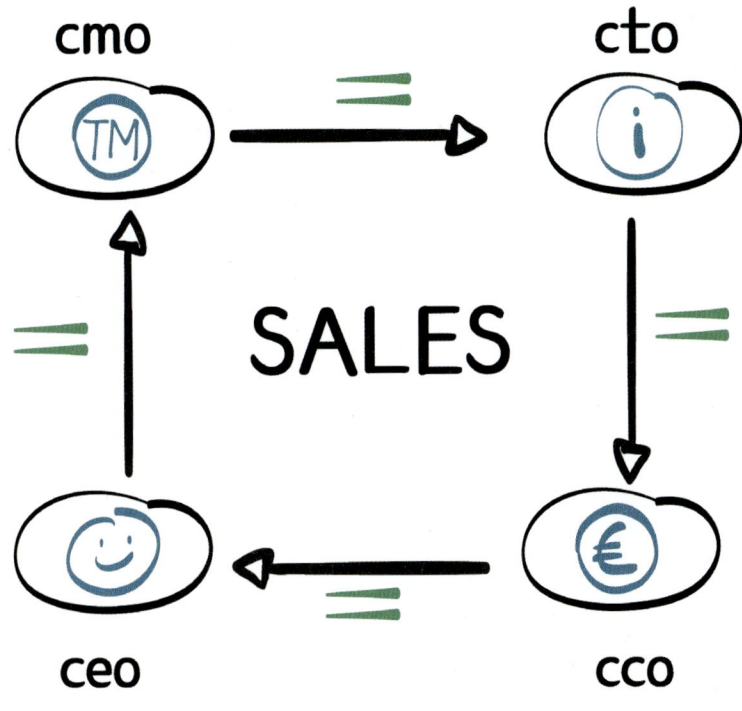

그림 5.2 행동 루프로서 판매 프로세스

매력적인 조직, 업무, 브랜드는 동료와 소비자를 끌어들이고 경쟁자를 궁지에 몰아넣는다. 정확한 정보 덕분에 모든 직원들이 업무를 더 잘 수행할

수 있고 관련 제품을 고안하고 만들 수 있다. 또한 적절한 시기에 잠재 고객에게 관심을 끈다면 조직은 높은 매출을 달성할 가능성이 높다. 결과적으로, 브랜드는 추천될 것이고 만족도는 높아질 것이다. 이는 판매 프로세스의 예로 앞에서 설명했다.

간략한 설명

올바른 정보가 적시에 공유되면 이해관계자는 최신 정보를 얻을 수 있다. 그 결과 더 많은 소비자가 더 자주 방문하고, 더 많이 구매하며, 소문을 퍼뜨릴 것이다. 이것은 직원들이 긍정적이고 좋은 에너지를 가지도록 돕는다. 결과적으로 직원들은 더 나은 성과를 내고, 더 큰 변화 능력을 갖출 수 있다. 전체적으로 조직은 성장하고, 강력한 브랜드와 일하고 싶어하는 직원, 고객, 공급업체에게는 매력적으로 다가온다. 강력한 브랜드는 또한 잠재적인 경쟁자를 위협한다.

지금까지 알아본 것은 다음 4개의 구성 요소로만 설정된 목표 피라미드로 성능을 어떻게 측정할 수 있는지 하는 방법이었다. 이것은 하나의 예에 불과하다.

❶ 이해당사자 만족
❷ 강력한 브랜드
❸ 정확하고 시기적절한 정보

❹ 적시에 올바른 장소에서 제품 판매

당신이 일하는 조직의 변화 역량은 얼마나 되는가? 비즈니스 민첩성을 어떻게 측정할 수 있는가? 조직의 목적에 따라 점수에 기여하는 메커니즘은 무엇인가? 관련 점수 지표에서 목적은 어떻게 표현할 수 있는가?

- 고객만족?
- 시장에 대한 반응 시간?
- 새로운 아이디어와 제품의 수?

모든 것이 순조롭게 진행될 경우, 각 조직은 매출 극대화 및 비용 최소화를 위해 노력할 것이다. 궁극적으로 이것은 이윤 극대화로 이어진다. 자선 단체들조차도 더 좋은 세상을 만들기 위해선 가능한 한 많은 재정 자원을 필요로 한다. 가장 높은 레벨의 최종게임은 항상 비용을 최소화하고 부가가치를 극대화하는 것이다. 이를 통해 모든 이해관계자에게 최대한의 부가가치를 제공해야 한다.

게임 디자인의 장점 중 하나는 모든 것을 최대한 단순하게 만든다는 점이다. 이윤이 조직의 변화 능력을 결정하는 궁극적인 점수 지표라는 결론 외에는 다른 것이 없다. 그 결과를 달성하는 방식만이 한 조직을 다른 조직과 구별한다. 수익 창출 경로는 원하는 전략적 목표, 전술적 과제, 운영 목표에 따라 결정된다. 그렇기 때문에 목표 피라미드(조직의 점수 모델)를 고려하고 이를 설계된 내부 및 외부 프로세스의 피드백 범주와 일치시키는 것이 좋다.

성과 진행 상황은 주기적으로 측정해야 한다. 연간 목표, 분기별 과제, 월별 목표 형태로 측정할 수 있다. 목표, 도전 과제가 달성된다면 이것은 다양한 프로세스 팀이 이룬 성과라고 말할 수 있다.

목표		소비자 만족 개선		
과제	더 나은 정보	더 나은 소비자 이해	더 강력한 브랜드	계기
행동	동료 간 개선 기회에 대한 정보 공유(원하다, 알다, 가능하다, 도전하다)	동료 훈련	더 많은 미디어 노출	이전
	꼭 필요한 정보만 공유	대화를 관찰하고 피드백 제공	판매 과정에서 더 즐거운 브랜드 경험	지금
	성과 측정	더 많은 재방문 고객	더 많은 거래량 및 재방문 고객	이후

표 5.1 　 질적 점수 모델, 전술적 수준의 예

목표	수입 창출			
과제	더 나은 정보	더 나은 소비자 이해	더 강력한 브랜드	계기
행동	핵심성과지표(KPI)가 있는 프로필	교육 횟수	제출된 쿠폰 수량	이전
	과부하 비율(%)	피드백 수와 내용	신호등 피드백 평가	지금
	자금 영향	거래량	거래량 x 제품수 x 가격	이후

표 5.2 양적 점수 모델, 전술적 수준의 예

판매 프로세스의 목적은 고객 만족도를 높여 매출을 늘리는 것이다. 예를 들어 이것은 더 나은 방법으로 내부적으로 정보를 공유하고, 판매 직원이 고객의 상황을 더 잘 이해하고, 더 강력한 브랜드를 구축함으로써 달성할 수 있다. 목표 설정에 영향을 줄 수 있는 조치는 현재 나열된 핵심성과지표에서 측정할 수 있지만, 이상적으로는 매월 통화(금액)로 환산하는 것이 좋다.

Level 5.2 피드백 수치화

변화 역량을 구조적으로 높이려면 모든 조직은 전술적 단계에서 프로세스의 영향을 측정 가능하게 만들어야 한다.

전략적 단계에선 다음과 같이 적용할 수 있다.

$$수입 = 제품\ 수\ (SKUs,\ Stock\ Keeping\ Unit\ -\ 단품) \times 소비자\ 수 \times 거래량 \times 가격$$

$$비용 = 자산^* \times (기간 \times) 가격 + 인원\ 수 \times (기간\ 내\ 행동) \times 가격$$

* 건물, 점포 수, 월세, 관리비 등

전술적 단계는 다음과 같은 형태로 적용할 수 있다.

- 개선 : 주별로 반복되는 문제 횟수 파악
- 기획 : 매년 성공적으로 출시된 아이디어의 비율(%)
- 제작 : 제작비(인원 × 시간 × 작업 수 × 가격 + 오차)
- 판매/구매 : 거래량 합계(매출), 판매된 제품 수 × 제품 수(SKU) × 가격
- 사용 : 소셜 미디어에 기록된 질적, 양적 피드백
- 소비 : 불만 횟수
- 적응 : 유지

진행 루프의 4가지 주요 프로세스(기획, 제작, 판매, 개선) 내에서 모든 작업의 상호 관계는 계산 형태의 점수 모델을 활용해 투명하게 만들 수 있다. 피라미드의 맨 위에는 이익(목적을 목표로 하는 모든 작업의 결과)이 있으며, 이는 전술적인 점수 요소들과 직원들의 운영 활동에 영향을 받는다.

이상적으로는 각 공정은 매월 통화로 계산될 수 있다. 고객 만족도 점수를 결정하려면 다른 방식으로 질문하는 것이 도움이 된다. 즉, "고객 만족이 우리에게 무엇을 제공하는가?"가 아닌 "고객을 잃으면 비용이 얼마나 들까?"가 질문이 된다. 그런 다음 고객 만족에 영향을 미치는 조치 및 활동의 영향을 다시 계산할 수 있다. 하지만 추천고객점수(NPS)나 직원의 미소가 하나의 양적 점수 지표, 즉 금액으로 해석될 수 있을까? 이것은 다음 단계에서 설명할 것이다.

Level 5.3 게임스톰을 이용한 행동 영향 측정

개별 행동의 영향을 측정하는 방법론은 게임스톰에서 항상 논의되어 왔다. 각 부서는 게임스톰을 사용하여 부서 구성원이 목표 피라미드를 구축하는 데 기여하는 요소를 결정할 수 있다. 변화 지원은 직원들이 언제, 어떻게, 어떤 영향을 미칠지 스스로 정의하게 함으로써 이루어진다.

게임스톰은 매년 결산 분기에 이것을 수행하도록 돕는 재미있고 이상적인 도구다.

> **[개별 행동의 성과 측정]**
>
> 한 고객과 게임스톰을 진행하는 동안 직원들이 100% 관심과 에너지를 가지고 판매 대화를 해야 하다는 논의가 있었다. 나는 마케팅 담당자에게 직원들이 그 일을 하지 않으면 조직이 어떤 대가를 치르냐고 물었다. 그는 이에 대해 알려진 핵심성과지표가 없다고 했다. 나는 다시 물었다. "웃지 않는 데 비용이 얼마나 들까요?" 그는 전혀 모르고 계산할 수도 없다고 했다. 그러나 나는 이 주제를 계속 이어갔고 내 질문을 다르게 공론화시켰다. 나는 또 물었다. "100%의 관심과 에너지로 대화가 시작되지 않았기 때문에 매주 얼마나 많은 고객들이 자리를 떠나갔나요?" 많은 망설임 끝에 마케팅 매니저는 결국 일주일에 한 명 이상은 떠났을 거라고 말했다. 그런 다음 나는 물건을 사는 고객의 평균 영수증 금액이 얼마인지 물었다. 100유로였다. 그리고 몇 개의 상점이 있는지 물었고, 200개가 넘는 상점이 있다는 답을 들었다. 이 데이터를 기반으로 다음과 같이 계산했다.
>
> 1(고객) × 52(주) × 100유로(평균 영수증 금액) × 200(매장 수)
> = 연간 1,040,000유로

직원 개인의 행동이 조직에 미치는 영향은 많은 사람들이 생각하는 것보다 훨씬 더 크다. 많은 관리자들은 외부의 영향을 받는 핵심성과지표에 주의를 기울이지만, 그보다 직원의 영향력이 훨씬 더 결정적이다. 앞의 실제 사례는 200개 상점에 200명의 직원을 둔 네덜란드의 한 기업의 이야기다. 또 다른 예로 2만 명의 직원을 둔 기업을 생각할 수 있다. 물건을 사는 고객의 평균 금액이 100유로이고 매장이 1,000개라고 가정할 때, 이 기업은

1(고객) × 52(주) × 100유로(영수증 금액) × 1000(매장 수)의 잠재적 발전을 이룰 수 있다.

핵심은 본사의 관리자가 이러한 통찰력을 얻는 것이 아니라, 매장의 직원이 매일 자신의 행동이 어떤 영향을 미치는 인식하는 것이다. 이것은 사실 직원들이 스스로 깨달음을 얻어야 하는 영역이다. 분기별로 진행하는 게임스톰, 기능성 게임 또는 통찰력을 주는 게임화 시스템을 활용해 그것을 경험하게 할 수 있다.

직장에서의 재미나 체력이 주는 영향은 우리가 그 변수들의 부정적인 결과를 고려하기 전까지는 측정하기 어렵다. 직장에서 재미를 느끼지 못하는 요소는 탈진, 우울증, 병가로 이어질 수 있다. 재미가 조직에게 비치는 영향은 비용 면에서도 매우 높다. 때로는 관리자를 해고할 때 드는 비용보다 해당 관리자를 유지할 때 더 큰 비용이 소모될 수 있다. 가령 관리자가 다른 직원을 혹사시키고 그 관리자를 견딜 수 없어 두 명의 인재가 조직을 떠나는 상황을 생각해 보라. 이런 상황이 장기적으로 이어질 때 조직이 어떤 영향을 받는지는 말하지 않아도 충분히 예측할 것이다.

게임스톰 중에 조직의 성과는 이사회, 경영진 또는 소규모 팀의 목적에 따라 몇 번이고 다시 결정된다. 직원들의 팀워크와 각 행동의 합이 게임에서와 같이 가장 높은 목표에 대한 기여도를 결정한다. 설정된 시간 내에 올바른 작업을 수행하면 해당 목표를 달성하고 다음 단계로 넘어갈 수 있다. 이러한 일상적인 작업을 더 잘 수행할수록 점수가 높아진다. 더 자주 플레이할수록 더 좋아진다. 하지만 새로운 방법을 찾아내려면 게임에서 도전과 시도를 감행해야 한다. 이것 때문에 점수를 잃을 수도 있지만 대신 새로운 기회나 통찰력을 얻을 수 있다.

게임스톰을 하는 동안 플레이어는 목표를 "나는 스스로 무엇을 할 것"이라고 정해야 한다. '나는 할 것이다'라는 말로 시작하여 그 안에 원하고, 알고, 가능하고, 도전하는 측면에서 무엇을 할 수 있는지 덧붙여야 한다.

또한 조직의 관리자는 설정된 목표, 관련 과제, 건설적인 행동에 더 이상 큰 기여를 하지 않는 행동은 과감히 중단시켜야 한다.

Level Up

Level 5 요약 – 성과는 점수를 매기는 것이다

조직의 운영 방식을 결정하기 위해 조직의 점수 모델(목표 피라미드)를 설정된 목표, 도전 과제에 대한 각 프로세스의 성과와 비교할 수 있다. 많은 조직에서 주별, 월별, 분기별, 연간 회의를 진행한다. 이것은 성과가 기대에 부합하는지 여부를 모든 단계(전략적, 전술적, 운영적)에서 확인하기 위한 과정이다. 이

때 종종 다양한 종류의 핵심성과지표가 사용되는데 그래서는 정확한 기여도를 파악하기 어렵다. 사과를 가지고 배에 비교하기 때문이다. 특히 조직을 부서별로 나누고 목표치를 달리했을 때는 더더욱 성과를 비교하기 어렵다. 따라서 각 핵심성과지표는 게임스톰을 사용하여 월별 금액으로 변환시킬 필요가 있다.

모든 조직은 주기적으로 성과를 확인하고 보고하고 조치를 취해야 한다. 가장 중요한 것은 개선으로 이어지는 조치가 계속해서 이어져야 한다는 것이다. 이것은 분기마다 게임스톰을 실행하고 개선을 위한 입력 자료로 피드백을 사용하여 진행할 수 있다.

목표 피라미드의 형태로 점수 모델을 구축함으로써 조직의 모든 이해관계자는 자신의 행동이 더 높은 공통 목표에 어떻게 기여하는지 명확하게 알 수 있다. 그 후 조직은 각 목표를 영향을 측정할 수 있는 전술 프로세스로 전환할 수 있다. 게임스톰은 조직 구성원이 미치는 영향을 금액으로 표현할 수 있는 효과적인 방법이다.

LEVEL 6

플레이

"한 시간을 이야기하는 것보다
한 시간을 함께 노는 게
사람을 더 잘 이해하는 방법이다."

변화를 위해서 게임화를 어떻게 적용할 수 있을까? 이 레벨에서는 게임화 캔버스(gamification canvas)를 기반으로 잘 작동하는 게임화 시스템을 개발하기 위해 조직이 갖추어야 할 사항은 무엇인지 논의할 것이다. 이를 통해 기능성 게임이나 게임화 시스템을 개발하기 위해 무엇을 계획해야 하는지, 그리고 어떤 게임 메커니즘이 대상 그룹의 동기에 효과적으로 대응할 수 있는지 확인할 수 있다. 여기서 나오는 4가지 사례는 게임화 시스템을 활용해 실제로 어떻게 변화를 이끌었는지 보여줄 것이다.

Level 6.1 게임화 시스템 개발

엔터테인먼트 게임과 비교했을 때 기능성 게임이나 게임화 시스템은 다중 목표를 포함시켜야 하며 궁극적으로 플레이어의 행동에 변화를 일으켜야 한다는 점에서 개발에 어려움이 있다. 엔터테인먼트 게임의 목적은 사용자에게 즐거움을 주는 것이고, 그 목적이 맞으면 사람들은 게임에 돈을 쓴다. 하지만 기능성 게임이나 게임화 시스템을 개발할 때는 더 많은 관심과 변수가 작용한다. 우선 대상 그룹은 게임을 요청하지 않는다. 그들은 다른 사람이 설정한 목표를 달성하기 위해 여러 과제와 목표를 수행하게 된다.

다년간의 실무를 경험하면서 우리 팀은 20개 이상의 효과적인 응용 게임 및 게임화 시스템이 포함된 모델 개발에 성공했다. 이는 다른 게임화 전문가인 이안 보고스트(Ian Bogost)의 연구에 포함되지 않았지만, 고객들이 효과가 있다고 계속 분명히 알려준 것이다. 다음은 암스테르담 대학에서 가르치는 모델로 대략 세 부분으로 구성되었다(그림 6.1 참조).

- 고객과 목표 - 왼쪽
- 대상 그룹과 동기 - 오른쪽
- 고객 목표를 달성하기 위해 목표 그룹을 행동하게 하는 개념, 콘텐츠, 메커니즘 - 중간

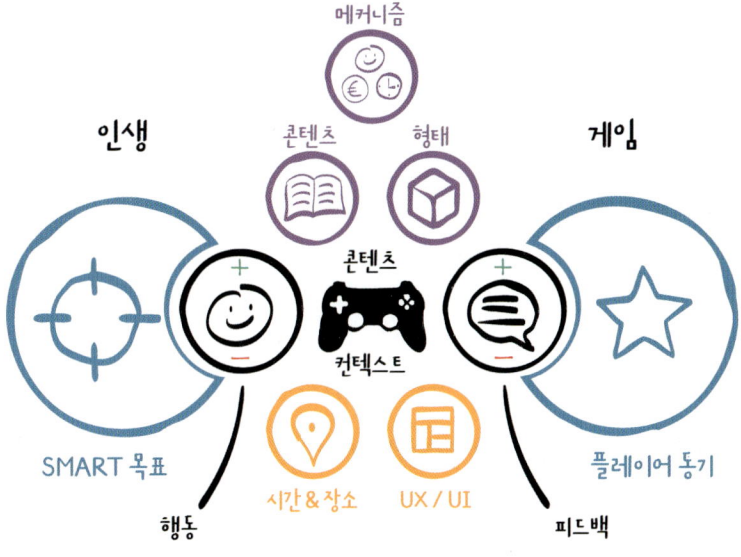

그림 6.1 게임화 캔버스

그림 6.1에서 왼쪽은 주로 대상 그룹이 게임 밖에서 보여야 하는 행동에 관한 것이다. 오른쪽은 주로 게임 환경 내에서 대상 그룹에 동기를 부여하는 것에 관련된 것이다. 중간 부분은 가지고 있는 콘텐츠 덕분에 활성화되고, 특정 상황에서 플레이되는 것에 대한 최종 컨셉트에 관한 것이다. 콘텐츠(content)는 텍스트, 소리, 음악, 움직이는 이미지, 정지 이미지, 게임 메커니즘으로 구성될 수 있다. 컨텍스트(context)는 재생 장소와 시간에 따라 결정된다. 시간과 장소는 통신 채널과 게임 플랫폼의 선택에 영향을 미친다. 게임은 모든 종류의 기기에서 플레이할 수 있고 심지어 보드 게임도 가능하다. 채널 선택은 게임을 플레이할 상황에 따라 결정된다. 예를 들어 소파에 앉아 있거나, 기차를 타고 있거나, 직장에 있는 상황일 수 있다. 게임은 개별적으로, 함께, 또는 서로 대항하며 플레이할 수 있다. 기기의 선택 또한 사용자 환경에 영향을 미친다. PC에서 키보드로 게임을 하는 것과 VR(Virtual Reality 가상현실) 및 AR(Augmented Reality 증강현실) 기기로 게임을 하는 것은 서로 완전히 다른 상호작용을 제공한다.

이러한 모든 요소는 개발될 최종 컨셉트와 그 효과 및 복잡성에 영향을 미친다. 변화에 도움을 주는 행동은 게임화 시스템에서 건설적이고 일관된 피드백을 받으며 학습된다. 변화에 도움을 주지 않는 파괴적 행동도 마찬가지다. 이제 모델의 다른 부분을 살펴보자.

목표

모든 변경 프로젝트는 항상 게임스톰으로 시작한다. 게임이 최종적으로 바라는 변화를 주도하기 위해 만들어졌든 아니든 간에 게임스톰이 시작점이다. 프로젝트에는 대개 프로젝트 팀, 운영 위원회, 핵심 팀 등 여러 이해관계자들이 있다. 특히 여러 전문 분야에 걸친 관계자가 포함된 프로젝트 팀이라면 탐색 회의 중에 적어도 6가지 다른 목표가 제시되기도 한다. 6마리의 토끼를 한 번에 잡는 것은 어렵기 때문에, 여기서 우리는 게임스톰 방법론을 사용하여 최대 3가지 과제와 하나의 목표를 최대한 공식화하려고 한다. 물론 목표와 과제는 가능한 한 스마트(SMART) 과정을 거쳐 공식화되므로 게임 출시 후 목표 달성 여부와 정도를 측정할 수도 있다. 이런 식으로 게임 모델에 대한 초기 그림이 해당 팀의 목표 피라미드 상단에 빠르게 생성될 것이다.

과제를 극복하고 궁극적으로 정해진 목표에 도달하기 위해 대상 그룹은 건설적 행동과 파괴적 행동을 배워야 한다.

대상 그룹

효과적인 게임을 개발하기 위해, 게임 체인저 개발팀은 대상 그룹의 입장이 되어야만 한다. 최소한 대상 그룹의 요구, 추진력, 동기(원하는 것)는 조사해야 한다. 또한 가능한 경우 대상 그룹이 알고 있는 것(또는 모르는 것), 할 수 있는 것(아직 할 수 없는 것), 도전할 수 있거나 할 수 없는 영역도 파악해야 한다. 대상 그룹에 대한 가정은 너무 많다. 이러한 이유 때문에 게임 개발 과정에서 다양한 결과물이 대상 그룹과 함께 테스트된다. 응용 게임의 경우 프로토타입, 알파 버전, 베타 버전을 납품하는 경우가 많다. 프로토타입은 게임 메커니즘을 테스트하는 최초의 플레이 가능한 버전을 의미한다. 알파 버전은 일부 콘텐츠가 포함된 재생 가능한 버전이며, 베타 버전은 80% 정도가 완료된 재생 가능한 버전이다.

특히 '원하는 것'은 이 게임이 목표 그룹의 관심을 끌 수 있는지를 결정짓는다. 이러한 동기들에 기초하여 올바른 메커니즘이 선택된다. 예를 들어 플레이어가 '수집 및 정리'를 좋아한다면 배지 또는 카드 선택과 같은 형태로 게임에 반영될 것이다. 플레이어가 힘을 과시하길 좋아한다면 경쟁 요소가 선택될 것이다. 대상 그룹의 그림이 더 완벽할수록 올바른 메커니즘을 더 잘 선택할 수 있다.

2015년, 우리는 암스테르담 대학과 협력하여 목표 그룹의 주요 동력과 동기가 무엇인지 보여주는 온라인 설문지를 개발했다. 이 질문들에 대한 답을 바탕으로, 플레이어들의 동기부여에 영향을 주는 게임 메커니즘을 도출했다.

컨셉트

컨셉트는 게임의 심장이라고 할 수 있다. 다음은 컨셉트 연구를 위해 언급되는 요소들이다.

- 게임의 이름 : 로고 또는 아이콘의 디자인을 포함한다.
- 게임의 주제 : 조직 직원들의 경험과 관련이 있다.
- 시각적 요소 : 다른 말로 어떻게 생겼는가?(때때로 조직의 정체성에 사용된다.)
- 플레이어를 위한 목적 : 플레이어는 게임에서 무엇을 해야 하는가?
- 게임 요소 및 메커니즘 : 게임에서 어떻게 목표를 달성할 수 있는가?
- 점수 모델 : 플레이어는 피드백과 보상으로 무엇을 얻는가?
- 수행하거나 배워야 할 행동 : 게임 내에서 가능한 행동

대상 그룹에 대한 정보를 알면 즉시 시스템을 개발할 수 있다. 먼저 대상 그룹의 동력이 무엇인지 알아야 한다. 또한 어떤 구성 요소가 대상 그룹에

동기를 부여하며 동기가 부족했을 때는 어떤 영향을 미치는지 알아야 한다. 기능성 게임을 만들든 게임화 소프트웨어를 개발하든 아니면 진행 상황을 모니터링하든지 간에 이 요소들을 명확히 파악해야 한다.

여러 사람이 모노폴리 게임을 함께 한다고 상상해 보자. 게임을 하는 이유는 사람마다 제각각이다. 어떤 사람은 이기기 위해서 하고, 어떤 사람은 즐거운 시간을 보내려고 하고, 또 다른 사람은 필승 기법을 탐구하기 위해서 한다. 여기서 플레이어 각자의 목표가 게임 중 행동을 이끌어간다.

게임에서 '소유'는 다른 방식으로 처리될 수 있다. 그저 이타적으로 다른 플레이어에게 자신의 소유물을 나눠줄 수도 있지만, 전략적으로 플레이할 경우에는 대가를 기대하며 소유물을 공유할 수도 있다. 혹은 같은 양을 주고받으며 공정하게 소유물을 교환하거나, 다른 플레이어의 수입과 이익을 고갈시킬 수도 있고, 아예 재산을 빼앗을 수도 있다.

이 예시에서 두 동작은 다른 플레이어에게 건설적인 영향을 미치며, 다른 두 동작은 다른 플레이어에게 파괴적인 영향을 미친다. 모노폴리 게임에서 다른 플레이어의 도시를 완성하기 위해 가장 비싼 거리를 거래하는 것과, 당신 자신의 세트를 완성하기 위해 2개의 값싼 거리를 얻는 것을 비교해 보라. 게임 속에서 하는 선택이 협력, 독립, 경쟁 여부를 결정한다. 당연히 플레이어는 자신의 욕구와 선호하는 바에 따라서 전략적인 선택을 취할 것이다.

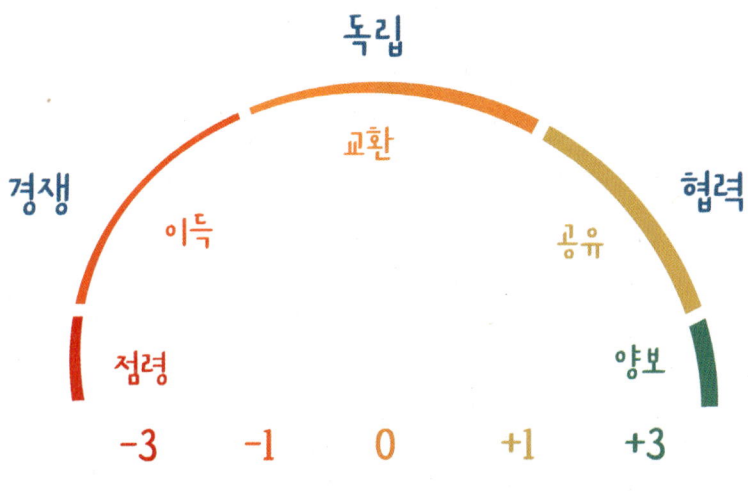

그림 6.2 게임 〈모노폴리〉 메커니즘

게임을 하다 보면 무의식적으로 내재된 욕구와 동기가 많이 드러난다. 이런 메커니즘의 영향을 헤드 캔디(Head Candy, 생각없이 하는 것)라고 부른다. 대상 그룹이 누구인지, 동기 부여를 받는 요소는 무엇인지, 대상 그룹을 통해 성취하길 원하는 것은 무엇인지에 따라 목표, 장애물, 행동, 피드백, 점수, 기타 메커니즘을 구축하고 개발해야 한다.

그림 6.3은 게임을 개발할 때 고려해야 할 추진력과 동기를 보여준다. 플레이어들이 자신이 얼마나 똑똑한지 보여주길 원한다면, 이것은 게임 디자인의 방향으로 충분히 제시할 수 있다.

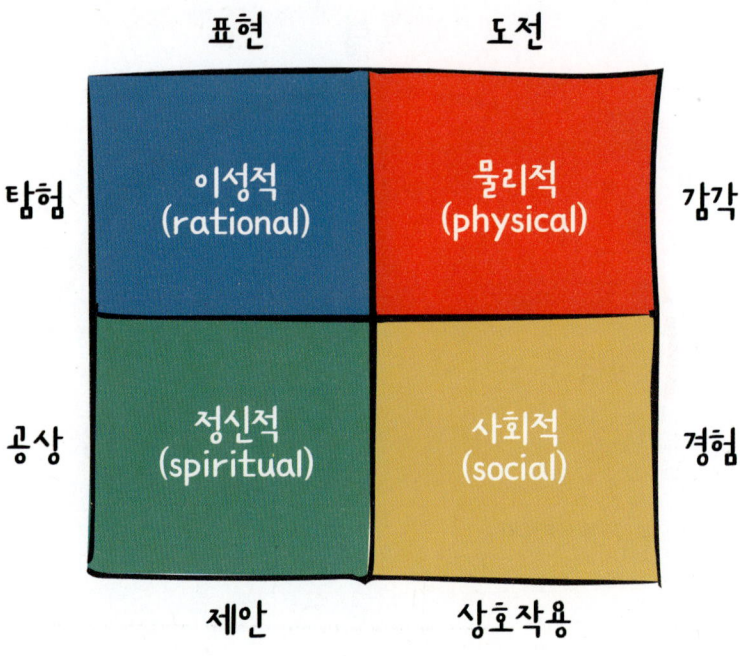

그림 6.3 동기 부여 요소

동기 부여 메커니즘	정신적	지적	합리적 (이성적)	물리적	감성적	사회적
이전	다른 사람을 도울 수 있는 가능성	목표, 장애물, 도전 과제 부과	창의적 또는 지적인 논리	소유물의 기본 수량	캐릭터와 캐릭터의 특성	혼자 또는 함께 플레이
지금	개인적 이익보다 더 높은 목표를 성취 예) 독립적으로 발전하는 세상을 창조	진행 및 발전에 대한 피드백	해결책에 도달하기 위해 아이템을 완성, 계산, 결합, 대체, 배열	특별한 능력이 필요한 행동 및 운영을 수행 예) 물건을 가져오거나 속성을 옮김	상승과 하강의 스토리 라인 기쁨, 슬픔, 투쟁, 불확실성 등	다른 플레이어와 협력하거나 적대
이후	점점 더 간편해지는 세상의 발전에 따른 보상	리더보드에서 양적으로 볼 수 있는 개발성과 등	올바른 답과 추론에 관한 증거 - 더 어려운 창의적, 지적 도전	더 많은 소유물 또는 소유물의 개선된 물리적 속성을 통해 보상	캐릭터 개발, 더 많은 캐릭터 및 속성의 분실 또는 획득	리더보드에 표시된 개인 또는 팀 성과에 따른 보상

표 6.1   게임 메커니즘

대상 그룹의 다른 동기에 따라, 특정 요소와 메커니즘은 게임 환경에서 우세하거나 덜 지배적일 것이다. 개발은 플레이어의 욕구 또는 개발자의 요구(원하는 행동 변화)에서부터 시작할 수 있다. 당신은 원하는 것(정신적 동기), 아는 것(지적 동기, 합리적 동기), 가능한 것(육체적 동기), 도전하는 것(감성적, 사회적 동기) 가운데 무엇을 다루고 싶은가?

표 6.1은 게임에서 작용할 수 있는 메커니즘을 설명한다. 정신적 동기를

가진 사람들은 주로 게임 내에서 다른 사람들을 돕고 싶어하거나, 지적 동기를 가진 사람들은 게임의 메커니즘을 이해하기 위해 혼자 게임하는 것을 선호할지도 모른다. 주로 물리적 요소에 동기 부여를 받는 사람들은 기본적으로 돈과 자원을 소유한 채로 게임을 시작하여 게임 내 성장을 원할 것이다. 합리적 동기를 가진 사람들은 주로 자신을 개발하길 원하며, 자신이 올바른 방향으로 가고 있는지 확인하기 위해 지속적인 피드백을 요청할 것이다. 마지막으로, 사회적 욕구를 가진 사람들은 대부분 게임에서 협동하길 원하며 더 자주 상의하려 들 것이다.

하지만 이런 동기들이 완벽하게 구분되는 것은 아니다. 사람들은 상황에 따라 다른 동기부여에 반응하고 다른 유형의 행동을 보일 수 있다. 따라서 게임 디자인은 몇 가지 지침만으로 요약될 수는 없다. 현실의 아날로그 삶을 디지털화하여 목표가 설정된 실습 현장으로 만드는 것은 전문 컨셉트 개발자 및 게임 디자이너가 추구해야 할 과제다. 물론 이런 게임들이 현실을 그대로 모방하지는 않는다. 현실과 가까이 다가가되 특정한 것을 확대하거나 축소할 것이다.

기능성 게임에서는 기능성과 놀이의 균형이 매우 중요하다. 요즘 나오는 많은 게임들은 너무 사실적이어서 현실을 흉내 내는 것처럼 보인다. 한 예로 플레이스테이션용 게임으로 개발된 〈그란 투리스모〉(Gran Turismo)라는 레이싱 게임은 높은 현실성 때문에 시뮬레이션이라 불릴 만했다. 〈팜빌〉(FarmVille)

또한 정원을 유지하는 상황을 흉내 내려 했지만 훨씬 장난스럽고 덜 진지하다.

게임이 얼마나 진지하고 장난스러운지를 떠나, 게임의 기본 구성 요소는 다음처럼 몇 가지로 정리할 수 있다.

❶ 목표
❷ 장애물
❸ 행동
❹ 피드백
❺ 점수

이 용어들이 익숙하게 느껴지지 않는가? 그렇다. 사실 이것은 게임스톰에 등장하는 요소와 동일하다.

다음은 사용 가능한 게임 메커니즘을 간략히 설명한 것이다. 물론 모든 목록은 아니다.

- 목표 : 플레이어가 게임을 최적으로 경험하고 이기기 위해 해야 할 일은 무엇인가?
- 도전, 과제 : 주요 목표를 하위 목표 및 성과로 변환

  - 제거 / 탈출 / 생존 / 잡기 / 숨기기
  - 빼앗다 / 지키다 / 주다 / 정복하다

- 목표를 향한 경주 / 시간 제한 / 다른 플레이어와 경쟁

- 배지 또는 포인트 획득 / 업적 획득

- 정답 선택 / 올바른 질문 선택 / 조합 작성

- 장애물 : 벽, 담장, 심연, 상대, 도로, 시야 및 정보 부족 등
- 개체 : 자동차, 나무, 보트, 동물, 집, 사람, 벽, 쿠키 등
- 속성 : 연료, 에너지, 동력, 장갑 또는 물체가 가질 수 있는 기타 물리적 특성
- 행동 : 답변, 보호, 가져오기, 실행, 검색, 발견, 교환, 점프, 찾기, 질문, 보기, 이동 등
- 차원 시간 : 시간, 속도, 템포, 타이밍, 지속 시간 유지
- 특성 : 강함, 지능, 민첩, 유연, 카리스마, 기타 개인적 특성
- 돈 : 화폐 또는 일반적 화폐 단위
- 자원 : 유닛, 원자재, 보조장비, 정보, 토지 등
- 피드백 : 모든 행동에 대한 질적, 양적 피드백
- 점수 : 행동과 결과(원인과 결과)의 양적 모델 - 행동, 장애물, 시간, 자원 및 가능한 기타 변수의 상호 관계
- 플레이 방법 : 예를 들어 실시간 또는 턴제 게임에서 진행되는 플레이 루틴
- 운 : 우연, 행복, 위험, 희생.
- 인터페이스 : 조이스틱, 마우스 및 키보드
- 상황별 요인 : 시간, 장소, 기타 사회적 요인

압박의 힘

사람의 행동에 영향을 미치는 요소는 다양하다. 따라서 조직의 모든 부분에 항상 영향력을 미치기란 힘들다. 사람들이 무언가를 하거나 하지 않는 것은 앞서 설명한 내재적 요인뿐 아니라 외부 요인에도 크게 영향을 받는다.

외부 요인으로는 시간과 장소(컨텍스트) 외에 긍정적 영향과 부정적 영향을 모두 미칠 수 있는 다양한 형태의 압박이 있다. 게임에서도 흔히 볼 수 있는 주요 요인은 다음과 같다.

- 시간 압박 : 제한된 시간, 요청된 시간(시점)에 작업 수행
- 자원 압박 : 자금, 자재, 기계 등의 부족으로 인한 압박
- 정보 압박 : 부족한 지식과 정보에 따른 압박
- 사회적 압박 : 동료의 재촉
- 권한 압박 : 영향력 또는 권력에 의한 압박, 권위 의존성을 유발

메커니즘의 원천은 사실상 무궁무진하다. 그렇기 때문에 플레이어의 동기에 정확히 일치하는 메커니즘을 연결하여 프레임워크를 개발하거나 리스트를 발표하는 것은 불가능하다. 다만 게임 컨셉트를 초기 단계(프로토타입 형태)에서 대상 그룹과 테스트함으로써 게임이 플레이어의 동기와 일치하는지 여부는 명확히 알 수 있다. 기획, 제작, 테스트 개선의 '개발 나선형'을 가장 잘 활용하는 조직이 크게 성공하는 경우가 많다.

동기 유형별로 세분화할 수 있는 기본적인 게임 메커니즘 외에도, 상상

할 수 있는 동기 부여 메커니즘이 훨씬 더 많다. 이것을 활용하며 대상 그룹에게 제공하는 도전 과제를 더 매력적으로 만들 수 있다. 게임 디자인과 메커니즘이 동기 부여에 미치는 영향을 설명한 도서가 여럿 있다. 하지만 안타깝게도 그 내용을 하나의 개요로 요약할 수는 없다. 대상 그룹의 주된 필요 또는 관심사에 따라 앞에서 언급한 제안을 적용할 수 있다. 더 깊이 알고 싶다면 내 동료들의 책이 도움이 될 것이다. 특히 〈Theory of Fun for Game Design〉(2013, Raph Koster) 도서를 추천한다. 그리고 〈Rules of Play〉(2003, Katie Salen & Zimmerman) 또한 매우 광범위하며 과학적인 기반을 바탕으로 저술된 도서다.

컨텍스트

조직의 이윤을 설계할 수 없듯이, 플레이어의 경험도 만들 수 없다. 철저한 사전 조사와 많은 테스트를 통해 플레이어의 추진력과 동기에 잘 맞는 게임 메커니즘만 선택할 수 있을 뿐이다. 플레이어의 경험은 수익과 마찬가지로 플레이어가 정해진 목표를 달성하기 위해 사용할 수 있는 게임 규칙, 그리고 변수 사이에서 최적의 균형을 맞춰 상황을 제공했을 때 얻을 수 있는 결과다. 게임에서의 경험은 플레이어의 상황에 따라 달라진다.

컨텍스트는 대상 그룹의 콘텐츠 인식과 사용자 경험을 크게 결정한다. 집에서 PC로 게임을 하는 경우에는 마우스와 키보드를 사용할 것이다. 입력할 키의 종류도 다양하다. 또한 오브젝트 덩어리를 넣기에도 화면의 크기는 무난하다. PC는 게임 플레이에 적합한 플랫폼 가운데 하나다. 상대적으로 휴대폰은 한계가 있다. 화면이 작을 뿐만 아니라 물리적 상호작용을 적용하기에도 제한적이다. 액정 화면을 두드리거나 문지르거나 확대하기 위해 손가락을 사용하는 정도가 전부다. 이렇게 재생 장치는 사용자 인터페이스와 사용자 환경에 영향을 미친다.

작업 조건 또한 컨텍스트에 영향을 미친다. PC나 고정 워크스테이션을 마음대로 이용할 수 있는 환경인가? 보통 일은 몇 시에 끝나는가? 대부분의 사람들이 플레이하는 시간은 언제인가? 이런 환경은 문화와도 관련이 있다. 직장에서 이런 활동을 하는 것이 관례가 아닌 경우에는 전철 안에서나 기타 개인 시간에 사무실 밖에서 플레이할 수 있을 것이다. 대중 교통을 많이 이용하는 사람에게는 모니터 기반의 게임보다는 휴대폰 게임이 더 유용하다. 집 안 소파에서 많은 시간을 보내는 사람이라면 VR 기기나 스마트 TV가 플랫폼으로 간주될 수 있다.

따라서 컨텍스트는 최종 채널(플랫폼)의 선택에 큰 영향을 미친다. 이 선택은 콘텐츠 개발 단계 중에 이루어지며, 관련 수단들은 부차적인 것이다.

콘텐츠

콘텐츠는 궁극적으로 게임 디자인에서 가장 중요한 부분이다. 물론 시각적 요소도 중요하지만 플레이어가 무엇을 해야 하는지(목표), 어떤 장애물, 위험, 도전이 있는지, 그리고 행동을 통해 자신에게 영향을 미치는 방법(전술)을 이해하지 못하면 결국 그것을 포기할 것이다.

콘텐츠는 고객의 목표와 대상 그룹의 원하는 것, 아는 것, 가능한 것, 도전하는 것에 따라 개발된다. 행동 목표에 따라 특정 형태의 콘텐츠가 각각 효과를 발휘한다.

- '원하는 것'과 관련된 목표는 플레이어가 게임 내에서 특정 행동의 유용성을 경험할 수 있음을 의미한다.
- '아는 것'과 관련된 목표는 정보를 개발해야 한다는 것을 의미한다. 이 정보는 게임 내 콘텐츠에 포함되거나, 플레이어가 다른 플레이어와 지식을 공유하여 게임을 진행하는 형태로 구성할 수도 있다. 이 정보는 평가 및 분류가 가능하다.
- '가능한 것'과 관련된 목표는 능력이나 신체 기술을 개발하는 것과 관련이 있다. 이 경우 VR이 물리적 부품 및 도구와 결합된다면 탁월한 효과를 줄 수 있다.
- '도전하는 것'과 관련된 목표는 게임 내 플레이어가 가능한 행동과 활동의 결과를 실험하고 경험할 수 있어야 한다는 것을 의미한다.

게임의 복잡성에 따라 점수 모델이 무엇인지, 어떤 게임 메커니즘이 선택될 것인지, 어떤 다른 콘텐츠가 역할을 할 것인지가 결정된다. 그런 다음 이 모든 것이 게임 콘텐츠의 기초가 되는 엑셀 시트에 입력된다. 이 파일은 결국 게임에 생명을 불어넣을 다양한 데이터베이스에 저장된다.

고객을 상대하는 게임이 있다고 가정해 보자. 그 고객은 어떤 특성을 가지고 있는가? 플레이어의 행동과 활동은 고객의 심리 상태나 만족도에 어떤 영향을 미치는가? 그리고 어떻게 하면 고객의 마음에 긍정적 혹은 부정적인 영향을 미칠 수 있을까?

Level Up

Level 6.1 요약 – 게임화 캔버스

기능성 게임이나 게임화 시스템을 개발할 때는 고려해야 할 사항이 많다. 크게 둘로 나누면 하나는 주로 대상 그룹의 심리적 측면과 관련되고, 다른 하나는 기술과 관련된다. 효과적이고 재미있는 컨셉트를 개발하려면 최소한 고객의 목표가 무엇인지, 대상 그룹이 어떤 필요성과 동력과 동기를 가지고 있는지 명확히 알아야 한다. 대상 그룹에 대해 고객이 원하는 변화를 가져오게 하려면 효과적인 컨셉트가 필요하다. 게임 컨셉트에는 특정 컨텍스트 내에서 생명을 불어넣어야 하는 요소도 포함된다. 그 콘텐츠는 다양한 게임 메커니즘 외에도 시각적 요소 및 다른 여러 요소들로 구성된다. 컨텍스트는 사용자 인터페이스와 사용자 경험을 모두 결정한다. 이 모든 내용은 게임화 캔버스를 활용하여 논의되었다.

Level 6.2 변화를 촉발하는 실제 게임화 사례

게임화와 기능성 게임은 의지, 지식, 능력, 도전에 영향을 줄 수 있는 다양한 목표 및 대상 그룹에 사용할 수 있다. 인식뿐 아니라 지식, 행동, 심지어 감정까지도 게임에 영향을 받을 수 있다. 다음은 비즈니스 경기장의 각 사분면에 포함될 수 있는 예시다.

1. 사분면 1 : 영업 직원의 지속적인 개발 → 매출 증대
2. 사분면 2 : 외부 콜센터 개발 → 매출 증대
3. 사분면 3 : 전체 산업에 협업의 유용성에 대한 통찰력을 제공 → 비용 절감
4. 사분면 4 : 실패율 감소 → 비용 절감

판매 직원의 지속적인 개발에 따른 매출 증대

이 책을 읽은 후 한 가지 결론을 내릴 수 있다면 조직은 피드백 프로세스를 적절하게 구성함으로써 더 나아질 수 있다는 것이다.

한 대형 휴대폰 공급업체에서 게임화를 사용하여 소매 조직 내에서(나중에는 전체 조직으로 확산) 피드백을 시스템화시켰다. 제공된 솔루션은 아래 내용(그림 6.4)으로 구성된 맞춤형 게임화 시스템과 턴키(Turn-Key) 솔루션의 결합이었다. 게임에 포함된 내용은 아래와 같다.

- 뉴스 업데이트 및 SNS 기능을 가진 모바일 인트라넷
- 기능성 게임(KYC, Know Your Customer)
- 피드백 애플리케이션
- 지식 테스트(Knowledge Key)

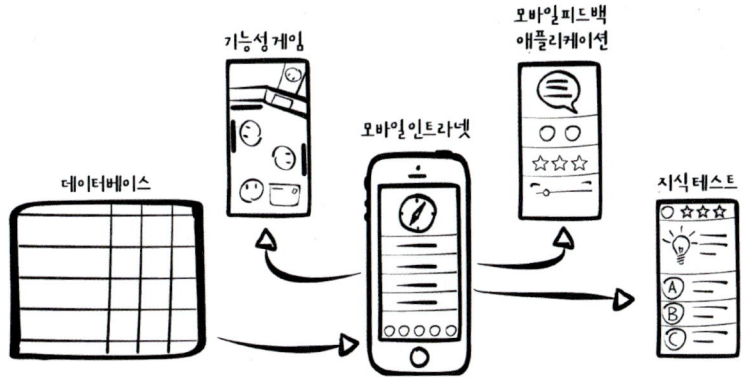

그림 6.4 애플리케이션과 관련된 모바일 인트라넷 구조

이 애플리케이션은 모바일 인트라넷을 통해 하향식 정보를 공유할 수 있으며, 직원들은 서로 아이디어와 지식을 교환할 수 있었다. 이 플랫폼에는 매장 정보, 연간 달력, 복잡하거나 기술적인 질문에 대한 매뉴얼, 뉴스 스트림, 모든 영업 직원의 문자 메시지, 사진 및 비디오를 게시할 수 있는 SNS 환경 등 여러 메뉴가 포함되어 있었다. 서버는 네덜란드에서 기후에 상관없이 호스팅되며, 모든 데이터는 개인 정보 보호 및 보안 분야의 가장 엄격한 요구 사항을 충족하도록 안전하게 암호화된다.

모바일 플랫폼의 한 코너에서는 다양한 게임을 볼 수 있다. 그중 하나가 〈360도 피드백〉 애플리케이션이다. 이 조직의 200개 매장 직원은 이 게임을 사용하여 동료의 판매 대화에 대한 피드백을 제공한다. 일반적인 피드백은 불편하고 어색함을 느낄 수 있는 반면, 이 애플리케이션을 사용하면 재미있고 효과적으로 피드백을 전달할 수 있다.

이 조직의 영업 대화는 인사, 고객 욕구 파악, 제안, 관심 유도, 판매 완료에 이르는 5단계로 이루어진다. 영업 대화를 본 동료는 게임을 통해 각 단계에 대한 피드백을 제공할 수 있다. 좋은 피드백을 주고받은 경우에는 배지를 얻는다. 한편으로 이것은 피드백을 주는 사람과 받는 사람이 피드백에 의식적으로 참여하도록 자극한다. 다른 사람들을 보는 것만으로 많은 것을 배울 수 있다. 더 나아가 직접 보고 난 후 잘되는 부분과 개선할 수 있는 부분을 적극적으로 설명함으로써 기술 이해도를 높일 수 있다.

한편으로 이것은 양날의 검이기도 하다. 모든 직원이 배지에 민감한 것은 아니므로 개선할 측면도 있다. 직원은 자신의 프로필에서 모든 형태의 피드백을 찾고 코치 또는 매장 관리자와 개요를 논의할 수 있다. 매장 관리자는 다양한 주간 및 월간 보고서를 인쇄하여 동료와 논의할 수 있다.

피드백 적용

동료들에게 적극적으로 피드백을 제공하고 피드백을 논의하도록 지도할 때 지속적인 개선 문화가 만들어진다. 앞의 예에서는 게임 디자인을 활용하여 피드백 도구를 가볍고 재미있게 만들었기 때문에 직원들은 끊임없이 자극을 받았다. 이 책이 출판될 당시의 가장 최근 사용 현황 자료에 따르면 200개 점포의 직원들은 2주 동안 약 1,700배 정도 피드백 애플리케이션 사용이 증가했다고 한다.

기능성 게임

사실 이 조직에선 피드백 애플리케이션을 시작하기 전에, 직원들이 근무 시간 동안 사업장에서 할 수 있는 기능성 게임을 먼저 제공했다. 이 게임의 핵심은 고객들의 프로필을 인식하고 그들의 판단에 따라 영업 대화와 목소리 톤을 조정하는 것이었다. 이 게임은 고객을 3가지 유형으로 분류한다.

❶ 감성적 고객
❷ 기능성 고객
❸ 기술적 고객

고객 유형에 따라 플레이어는 목소리 톤을 조정해야 한다. 감성적 고객이라면 휴대폰의 새로운 기능에 대한 설명은 많이 필요하지 않다고 예측할 수 있다. 전화 사용의 다양한 측면은 판매 대화 중에 논의될 수 있다. 대화는 세 가지 주제, 즉 고객 요구 사항, 희망하는 가입 유형, 그 외 추가 항목으로 구분된다. 주제의 순서도 고객 유형에 따라 다소 차이가 있다. 또한 올바른 단어 선택은 고객의 신뢰를 얻는 데 영향을 미치며 이는 고객의 구매 의향에도 영향을 미친다.

예를 들어 휴대 전화의 카메라 기능에 관해서 다음과 같이 다양한 질문을 할 수 있다.

- "사진 찍을 기회가 있는데 손에 카메라가 없었던 적이 있나요?"
- "카메라로 찍은 사진은 어떻게 하나요?"
- "사진은 보통 어떻게 공유하나요?"

첫 번째 질문은 기능적인 부분과 상당한 관련이 있다. 두 번째 질문은 고객이 사진을 편집하거나 다른 사람과 공유하지 않을 수도 있는 상황을 가정한 것이다. 마지막 질문은 고객이 페이스북이나 트위터, 왓츠앱을 활용해 친구들과 사진을 공유할 것이라고 예측한 것이다.

우수한 영업 사원은 잠재 고객의 상황에 최대한 몰두하여 해당 고객의 요구에 최적으로 일치하는 제안을 할 수 있다. 영업 사원이 고객의 언어를 더 잘 구사할수록 고객의 신뢰와 인내가 더 커지고 결국 구매 의향도 커진다. 고객의 인내가 클수록 영업 대화 중에 더 많은 질문을 할 수 있다. 더 많은 질문에 답할수록 직원의 교차 판매 및 상향 판매 가능성도 커진다.

게임을 마치고 나면 직원은 매장별, 지역별, 국가별로 자신이 동료들과 비교했을 때 얼마나 잘하고 있는지를 점수로 확인할 수 있다. 게임이 진행되는 6주 동안, 지역 관리자들은 최고 점수를 유지하기를 열망했고, 따라서 팀이 계속해서 게임을 플레이하도록 자연스럽게 격려했다. 결국 700명의 모든 직원들이 이 게임을 평균 40번 플레이했는데, 전체 실행 횟수로만 치면 6주 동안 약 3만 번이 실행된 셈이다. 나와 우리 팀에게도 매우 고무적인 결과였다. 어떤 직원은 100번도 더 넘게 게임을 플레이했다. 아마 지금쯤은 고객의 요구에 맞는 단어를 선택하고 톤을 조절하는 데 능숙해졌을 것이다.

외부 콜센터 개발에 따른 매출 증대

4,500명이 근무하는 대형 케이블 회사를 위해 5년 동안 5개의 기능성 게임이 개발됐다. 게임의 핵심은 짧은 시간 내에 많은 직원들에게 필요한 정보

와 지식을 전달하는 것이었다. 게임은 다음과 같은 순서로 개발되었다.

❶ 행동 선택 : 윤리 규정을 알리고 그것을 준수해야 할 여러 상황에서 어떻게 행동해야 하는지 보여주는 게임

❷ 세그먼트(segment) 챌린지 : 마케팅 직원을 대상으로 다양한 제품과 시장을 조합하는 데 도움을 주는 지식 테스트 게임

❸ 고객을 위한 마음 : 고객과 접촉하는 직원을 대상으로 지속적으로 상업적 목표(수익)를 확인하게 하고 장기적으로 고객에게 최선을 다하도록 돕는 게임

❹ 모바일 고객 여정 : 고객과 접촉하는 직원이 짧은 시간 내에 지식을 얻어 모바일 통신 판매를 올바른 방향으로 이끌 수 있도록 돕는 게임

❺ 고객을 잡아라 : 고객과 접촉하는 직원이 여러 시나리오들에 근거하여 영업 기술을 지속적으로 훈련할 수 있는 게임. 게임 교육 후 실제 매출 16% 상승

고객과 접촉하는 직원을 위한 게임은 회사의 직원과 외부 콜센터의 직원이 모두 함께했다.

그림 6.5 게임 〈고객을 잡아라〉

〈고객을 잡아라〉 게임에 좀 더 자세히 설명하겠다(그림 6.5 참조). 이 게임의 목적은 두 가지다. 계약을 취소한 이전 고객들에게 다시 전화를 걸어 재계약을 하게 하거나, 취소하기를 원하는 소비자들과 통화를 하여 계약을 유지시키는 것이다.

이 게임에서 직원들은 미리 결정된 6개의 시나리오를 경험한다. 하지만 통화를 할 때마다 시각적 요소는 변경된다. 따라서 동일한 시나리오를 3번 반복한다 해도 고객과 고객의 거실은 매번 다르게 보일 것이다.

이런 트릭 덕분에 게임은 쉽게 지루해지지 않고, 지식은 체계적으로 훈련할 수 있다. 그림 6.5가 게임이 어떻게 진행되는지 잘 보여줄 것이다.

화면에서 플레이어는 콜센터 직원 입장에서 거실에 앉아 있는 고객과 대화를 나눈다. 제공되는 텍스트는 비교적 광범위한데 짧은 왓츠앱(WhatsApp) 메시지 형식으로 전송된다. 게임이 출시될 당시, 왓츠앱은 아직 고객과 접촉하는 용도로 사용되지 않았다. 지금은 이런 목적으로 왓츠앱이나 채팅 프로그램을 사용하는 조직이 많다.

또한 이 게임에서 플레이어는 자신의 진행에 따라 다양한 시각적 피드백을 받는다. 플레이어가 잘하면 고객이 기뻐하고, 잘하지 못하면 고객의 기분 수치는 떨어진다. 만일 대화 중에 잘못된 대답을 3번 이상 하면 고객은 화를 내며 전화를 끊는다. 고객의 질문에 오답 또는 정답을 제공한 후에는 항상 이 답변이 왜 정답이고 오답인지 이유를 설명한다. 따라서 단순히 찍어서 정답을 고른 운 좋은 플레이어도 왜 답이 옳은지 배울 수 있다.

 그림 6.6 다채로운 게임 캐릭터

이 게임 컨셉의 수명은 새로운 시나리오가 계속 추가될 수 있을 뿐 아니라, 대화할 때마다 고객과 거실의 모습이 바뀌기 때문에 자연스럽게 연장된다. 지속적으로 새로운 콘텐츠가 추가되는 게임은 투자 대비 최적의 효과를 거둘 가능성이 높다.

맞춤형 게임을 최초로 구축하려면 많은 투자가 필요하지만, 기존의 것을 기반으로 개선 작업을 구현하는 데는 초기 예산의 20%를 넘지 않는 경우가 많다.

협업의 유용성에 대한 통찰력을 제공하여 비용 절감

이 게임을 플레이하는 대상은 대형 국제공항의 물류 부서였다. 평균적으로 각 공항에서 화물 운송에는 위탁자, 대리인(주최자), 운송인, 적하업자(화물을 비행기에 싣는 사람), 항공사 이렇게 5개 부문 당사자가 참여한다. 우리는 이들 당사자와 함께 모든 것이 해당 규칙에 따라 안전하게 진행된다고 가정했으며 세관과 관련된 사항은 생략했다.

항공 화물은 전문적인 특성과 관련된 규정의 특수성 때문에 해당 부문의 물류 처리 프로세스가 매우 복잡하다. 이 복잡성을 설명하기 위해 몇 가지 예시를 들겠다. 천만 유로짜리 경주마를 항공편으로 수송하려면 어떤 절차가 필요하다고 생각되는가? 아니면 1만 킬로그램의 튤립이나 천만 유로의 가치가 있는 다이아몬드를 운송하는 경우는 어떨까? 화물 종류별로 전화번호부 책 두께의 규제가 있다. 우리는 관계자들과 인터뷰를 하며 한 가지 명확한 사실을 알았다. 상품의 종류에 따라 운송이 규칙에 맞춰 제대로 이루어지려면, 매우 전문적인 회사 혹은 대리인이 필요하다는 점이었다. 또한 예외적인 것에 초점을 맞추어서는 안 된다는 결론을 내렸다. 기능성 게임에서는 문제의 본질을 찾고 이를 기반으로 일상적인 작업을 재미있는 방식으로 구현해야 한다.

우리는 문제의 근원으로 돌아갔다. 이 회사는 다른 유럽 공항들에 비해 자신의 회사가 경쟁력이 떨어진다는 사실을 인지하고 있었다. 당시 에이전트 요청부터 항공편으로 화물을 운송하는 데까지 전 과정이 평균 일주일 정도 걸렸다. 프로세스의 연결을 담당하는 사람들은 회사가 경쟁력을 가지려면 24시간 이내에 이 작업이 가능해야 한다고 지적했다. 따라서 우리는 산업 내 당사자들이 전반적인 과정에서 각 단계의 역할이 무엇인지 보게 하고, 만일 더 나은 협력이 있다면 화물을 더 빠르게 통과시킬 수 있다는 것을 보여줘야 했다. 그럴 경우 결과적으로 경쟁력은 올라가고, 전체 시장의 매출도 상승할 것이다. 시장 전체가 성장하면 과정 내의 각 단계는 비례적으로 이득을 얻고, 매출 감소 가능성은 줄어든다. 따라서 우리는 참여자들에게 협력이 어떤 긍정적인 결과를 가져오는지 분명히 알려 협력 의지를 높이고자 했다.

프로세스가 지연되는 주된 원인은 주로 정보 공유와 관련이 있었다. 정보는 종종 불완전하거나, 읽을 수 없거나, 부정확했다. 항공 화물 산업이 현대적으로 보일지 모르지만, 실제로는 수많은 서류 작업을 거쳐 진행된다.

여러분이 밸런타인데이에 맞춰 케냐에서 네덜란드까지 100톤의 꽃을 운송하는 도매상이라고 가정해 보자. 일년 내내 케냐에서 자라는 꽃과, 항공 화물 덕분에, 추운 나라에서도 2월에 꽃을 구할 수 있다. 꽃은 신선도를 유지해야 하기에 배가 아닌 비행기로 운송된다. 화물을 싣는 사람들은 비행기 안에 가능한 한 효율적이고 균형 있게 짐을 실으려 노력한다. 무게 중심은 무게의 양과 위치에 따라 결정되며, 비행기 중심부에 최대한 가까이 위치해야 한다.

조종사는 무게 중심에 맞춰 안전하게 지면에서 떨어지기 위해 얼마나 많은 보조 날개(플랩)와 엔진 추력이 필요한지를 결정한다. 안전성은 내부 요인(무게, 위치, 플랩, 추력)과 외부 요인(바람, 온도, 조류)의 조합으로 결정된다. 모든 것에는 제한이 있고, 비율은 최적이어야 한다.

적재 기록이 다르게 계산되거나, 잘못 기록되거나, 읽을 수 없는 형태라면 조종사가 잘못된 플랩 위치를 선택할 수 있고 끔찍한 결과를 초래할 수도 있다. 실제로 이런 문제 때문에 항공기가 추락한다. 따라서 화물 공간을 철저하게 점검하고, 적재 문서를 검토하고, 항공기 용량을 철저히 확인해야 한다.

이 모든 정보를 알려준 고등학교 동창이자 화물기 조종사인 단 미들쿠프(Daan Middelkoop)에게 감사를 전한다.

화물 업체에서 생길 수 있는 장애물은 크게 3가지로 나뉜다.

1. 정보

1.1 부정확함

1.2 불완전함

1.3 포장 명세서를 읽을 수 없음

1.4 적시에 제공되지 않음

2. 안전

2.1 올바른 서류, 면허증, 허가 확인서

2.2 운전자와 트럭의 일치성과 익숙함

2.3 세관의 필요성에 대한 위험 평가

3. 단기 이해 상충

3.1 일부 당사자가 지연으로 얻는 이익(물품 보관으로 얻는 이익)

3.2 일부 당사자가 체인 내 여러 링크를 제어

3.3 이해 관계 상충(세관 = 안전, 판매자 = 수익, 고객 = 빠르고 안정적인 배송)

전체 물류 프로세스는 매우 복잡하고 예외가 많기 때문에 우리는 앞의 문제를 두 가지 범주로 나누었다. 녹색 운송은 아무런 문제가 없으면 무작위 점검만으로 진행하는 것이다. 하지만 빨간 화물은 문제가 있으며 세관 확인이 필요하다.

게임은 이러한 변수 간의 관계에 대한 통찰력을 제공하고, 더 나은 협업이 궁극적으로 다음과 같은 결과로 이어진다는 것을 보여줘야 했다.

- 서류 작업 감소(처음부터 제대로 하게 함)
- 전화 상담 감소(시간 절약)
- 고장 시간 감소(시간 절약)
- 보관 활용도 향상(비용 절감)
- 비용 절감 효과(낮은 보험료, 보관)
- 처리 속도 및 안전성 향상

공식은 다음과 같다.

$$원가 운임 = \#운영 + \#상담 + \#오류 + \#시간(고장\ 시간) + \#용량$$

* 여기서 #는 수와 양에 대한 수학적 표시다.

이것이 잘 통제될수록 상품의 회전율은 높아지고 공항의 성장도도 올라간다.

그림 6.7 국제공항 물류 게임

플레이어는 이 게임을 하며 공항 주변의 물류를 가지고 놀 수가 있다. 플레이어는 끊임없이 도착하는 물품을 운송업자, 세관, 취급업자를 활용하여 최대한 효율적으로 비행기에 실어야 한다. 플레이어가 녹색과 빨간색 화물을 지속적으로 나눌수록 더 많은 점수(매출)를 획득한다. 세관이 점검을 위해 호출됐는지 여부와 비행기가 안전하게 출발했는지 여부 등도 점수와 연관된다. 또한 플레이어는 운송을 더 효율적이고 안전하게 만드는 다양한 인증서에 투자할 수 있다. 이것이 장기적으로 긍정적 결과를 가져오는 심층 투자라는 사실을 사용자는 게임 속에서 자연스럽게 익힐 수 있다.

다른 프로젝트에 비해 이 게임은 많이 실행되지 않는 편이었는데, 대상 그룹에 접근하기가 어려웠다는 점도 한 이유였다. 평균적으로, 플레이어당 6주 동안 3회의 실행 기록이 확인되었다.. 하지만 게임 플레이는 기능성 게임의 평균보다 훨씬 더 오래 지속되었다. 가볍게 즐길 수 있는 모바일 게임은 평균 5분 정도의 지속 시간을 가지지만, 이 게임은 45분 이상 플레이를 즐기는 사람이 많았다. 이 게임을 잘하면 마치 테트리스 게임에서 블록이 계속 내려오는 것처럼 끊임없이 쏟아지는 화물을 마주하게 된다.

게임으로 배운 협력의 결과, 이 화물업체는 2014년 위기에도 불구하고, 6.5%의 성장률을 기록했다. 또한, 당시 프로젝트 리더는 "게임이 협력과 변화의 의지에 상당한 기여를 했다"고 언급했다.

실패율 감소에 따른 비용 절감

중소기업 관리 프로그램과 파보(Pabo) 교사 양성 프로그램은 모두 1학년 학생들의 이탈을 줄이기 위해 수년 동안 게임화 실험을 진행했다. 전자는 2013년에 시작되었고, 후자는 2015년에 시작됐다.

많은 응용과학 대학이 1학년 학생들의 높은 중퇴율과 씨름한다. 학생들 가운데는 첫 학기에 하나 이상의 과목에서 낙제점을 받고, 부담감을 안은 채 대학 생활을 시작하는 경우가 있다. 부담감이라는 족쇄를 달고 시작한 학생들은 1년후에 자퇴할 가능성이 높고, 이것은 사회적으로 많은 돈과 에너지의 비용이 든다.

개발된 게임의 목적은 1학년 학생들이 학기가 시작되는 3-4주 동안 즉시 공부를 시작하게 하고, 실제 시험에 대비하여 공부할 수 있는 시간은 4주밖에 되지 않는다는 사실을 깨닫게 하는 것이었다. 이 대학의 첫 시험은 학기가 시작된 후 8주 후에 치러졌으며, 수업 자료는 1학년 학생들이 이전 교육에서 배우던 양보다 훨씬 더 많았다.

게임화 시스템을 개발하기에는 예산이 충분하지 않았기 때문에, 프로토타입을 개발하고 소규모로 시작하기로 결정했다. 그 후 게임은 수년에 걸쳐 개발되었다. 개발 과정 중에 피드백이 전달되고, 이것은 다음 개발에 반영되어 지속적인 개선이 가능했다. 훈련 기관의 경영진은 처음에 의문을 품었지만, 나중에는 장기적인 개발을 보장해 줬다.

여기에서 설명하는 실제 사례는 현재 BMKB 교육 코스에서 많이 사용되고 있다.

그림 6.8 게임 〈매니지먼트 팀 챌린지〉

이 게임은 〈매니지먼트 팀 챌린지〉(Management Team Challenge)라 불리며 규칙은 다음과 같다. 거의 200명에 가까운 1학년 학생들을 첫 주에 초대하고 4명에서 6명으로 구성된 팀을 구성하도록 요청한다. 그 후 이들은 3개월 동안 자신이 선택한 조직이나 브랜드를 위해 일할 수 있다. 플레이어에게 브랜드, 팀 구성, 팀 이름, 팀 로고를 선택할 수 있는 자유가 주어지기 때문에 팀을 이룬 느낌과 경쟁심이 즉시 커진다. 매년 수많은 맥주 브랜드와 장난기 넘치는 팀 이름이 제출되는 것도 놀라운 일이 아니다.

2013년 첫 출시 때는 두 명의 열정적인 교사가 사회자로 활동했다. 그들은 제출된 이름이 허용 가능한지, 그리고 조직과 브랜드가 주제에 충분히 관련이 있는지를 확인했다. 로고, 브랜드 선택, 이름이 승인된 후 팀은 두 가지 게임 루틴에 직면한다. 첫 번째 루틴은 각 팀이 매주 과목별로 다음 과제를 수행하는 것이다.

선택한 브랜드[브랜드 이름]를 위해, 주제[과목]와 관련해서 경영진이 할 수 있는 질문을 생각해 보세요.

Tip) 질문을 공식화하기 전에 [연구 자료]를 공부하십시오.

- [브랜드 이름]
- [과목] - 이 프로그램의 과목은 경제, 무역, 마케팅, 법학입니다. 그러나 그것은 또한 수학, 언어, 읽기 또는 조직의 4가지 브랜드 가치와 관련될 수 있습니다.
- [연구 자료] - 여기서 교사는 연관된 교재 페이지, 내부 학습 플랫폼 하이퍼링크, 인터넷 프리젠테이션과 같이 교과 과정의 어느 부분을 공부해야 하는지 지정할 수 있습니다. 제안 및 콘텐츠 유형은 자유롭게 결정할 수 있습니다.

학생들은 항상 월요일 정오에 요청을 받는다. 질문을 빨리 제출할수록 더 많은 포인트를 얻을 수 있다. 적립되는 포인트(금액)는 매주 1,680유로에서 시작하여 매시간 10유로씩 감소한다(10유로/시간 × 24시간(1일) × 7일(1주) = 1,680유로). 결국 학생들이 더 빠르게 응답할수록 더 많은 금액을 얻을 수 있다.

포인트 제도는 학생들이 즉시 시작하도록 동기를 부여한다. 포인트에는 교사가 최종적으로 제출한 평가가 더해진다. 교사들은 각 과목별로 질문을 받고, 가능한 한 빨리 점수와 질적 피드백을 제공해야 한다. 이때 3가지 등급으로 나누어 평가할 수 있다.

- 최고의 질문을 했다 : 질문 제출 후 남은 돈의 3배
- 좋은 질문을 했다 : 질문 제출 후 남은 돈
- 더 잘할 수 있다 : 돈 없음

'더 잘할 수 있다'가 선택되면 팀은 또 다른 질문을 제출해야 한다. 게임 초반에는 이 비율이 상대적으로 높았지만, 시간이 지날수록 점점 다른 비율이 더 높아졌다. 학생들은 제출한 질문이 좋은 이유와 개선이 가능한 이유에 대해서도 모두 피드백을 받는다.

학생들이 직접 질문에 답하게 하는 것이 아니라 질문하도록 지도함으로써 교재에 대한 이해도가 깊어진다. 교사들은 몇 주 안에 학생들의 수준을 파악할 수 있다. 어떤 학생이 어려워하고 있고, 어떤 팀이 의심이 많으며, 어떤 팀이 모범적으로 플레이하고 있는지를 초기 단계에서 명확하게 알 수 있다.

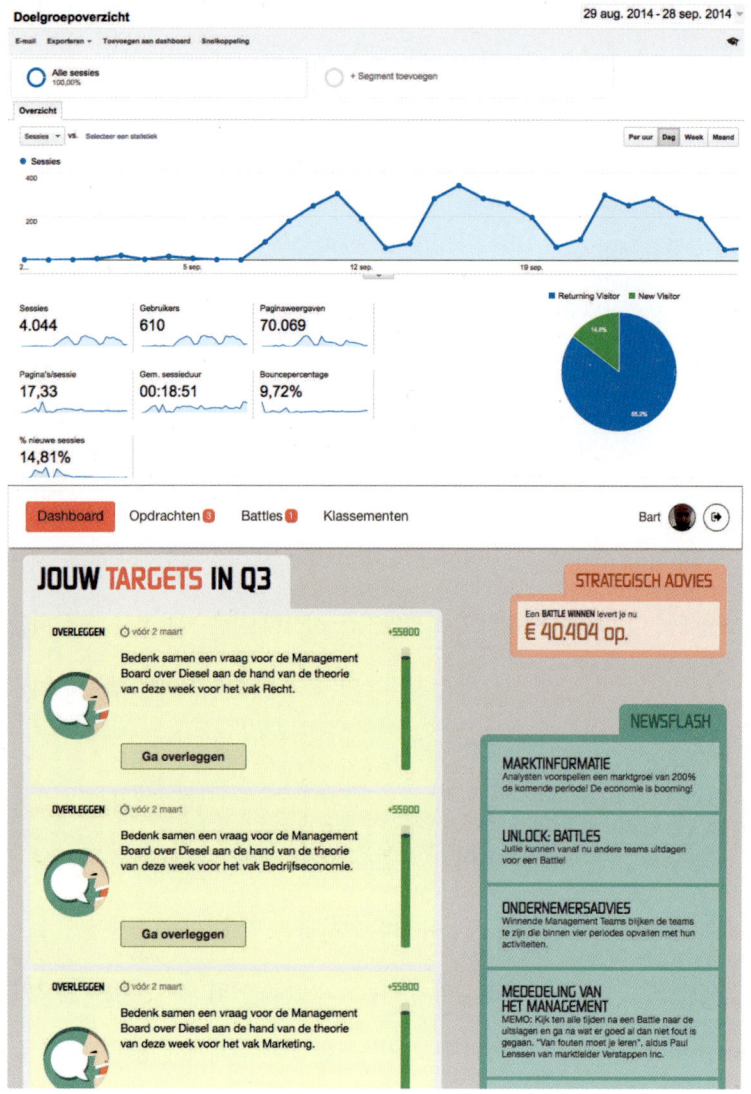

그림 6.9 학생들의 경쟁

플레이어 배틀

매주 주제별로 질문하는 것 외에도 학생들은 팀별 대전에도 참여할 수도 있다. 이 대전에선 가능한 한 빨리 객관식 질문에 답을 선택해야 한다. 이 대전은 인기가 굉장히 많아서 대전이 치러질 때면 항상 많은 소동이 일어난다. 각 팀의 점수와 진척도는 순위로 표시되는데 학생들은 굉장히 큰 동기 부여를 받는다. 점수와 진척도는 다양한 유형으로 구분된다. 예를 들어 팀별, 개인별 종합 순위가 있고, 과목별로도 팀별, 개인별 순위가 있으며 매주 우승자가 표시된다. 게다가 점수에 관계없이 용감하고 빠르게 활동한 팀은 명예의 전당에 오를 수 있다. 이는 매번 패배를 두려워하지 않고 과감히 많은 상대에게 도전한 팀에게 주어지는 상이다. 이처럼 다양한 유형의 순위는 모든 팀이 10위 안에 들 수 있도록 보장하며, 학생들이 경기에 계속 참여할 수 있도록 격려한다. 8주의 플레이 기간은 상대적으로 긴 편이기에, 학생들을 계속 집중하게 만드는 장치가 필요했다.

점수의 다양한 유형과 순위는 어떤 학생이 특정 과목에 강점을 보이는지 쉽게 파악할 수 있도록 도와준다. 이를 활용하면 교사는 향후 그룹을 구성할 때 다양한 학생들을 함께 포함시킬 수 있다. 예를 들어, 마케팅에 매우 능숙한 학생들과 마케팅에 매우 서투른 학생들을 함께 작업하도록 선택할 수 있다. 여러 연구에 따르면 학생들이 교사로부터 지식을 배우는 것보다 학생들끼리 협업하고 공부할 때 더 많은 것을 배울 수 있다고 한다. 게임 데이터를 활용하면 대상 그룹에게 도움을 줄 수 있는 유용한 정보를 수집할 수 있다.

그림 6.10 플레이어 배틀

처음 게임을 출시할 때에는 게임 업적과 관련하여 아무런 상품이 없었다. 하지만 보상이 주어지면 게임의 성공률을 훨씬 더 높일 수 있다. 이후 출시된 버전에서는 최소의 예산으로 상위 3개 부문에 상을 수여하기로 결정했다. 그 결과 3등에겐 훈제 소시지, 2등에겐 맥주 한 상자, 1등에게는 6인 저녁 식사권이 주어졌다.

핵심 교훈

게임에 언급된 피드백과 개선 사항은 출시 때마다 큰 차이를 보였다. 학생들의 반응과 제안은 출시 전, 출시 중, 출시 후로 나누어 기록되었다. 출시 전에는 주로 플레이 테스트를 살폈다. 하지만 출시하는 동안에는 주로 데이터를 살폈다. 언제 게임을 하는가? 무엇을 클릭하고 무엇을 클릭하지 않는가? 점수는 어떻게 나오는가 하는 것들이었다. 출시 후에는 학생들이 게임을 어떻게 생각하는지, 개선 요소는 없는지에 관해 정성적인 인터뷰를 진행했다. 이때 얻은 핵심 교훈은 다음과 같다.

❶ 모든 학생들이 경쟁을 좋아하는 것은 아니다

이것은 더 넓은 관점에서 모든 사람들에게 적용된다. 모두가 경쟁을 좋아하지는 않는다. 때로는 경쟁 요소가 사람들의 의욕을 꺾기도 한다. 특정 목적을 위해 만들어진 게임의 메커니즘은 대상 그룹의 동기 부여와 일치해야 한다.

따라서 예비 단계에서 올바른 선택을 하기 위해 깊이 생각하고 고민할 필요가 있다. 출시 전 많은 플레이 테스트와 피드백 수집이 매우 중요하다.

❷ 토론은 짜증스럽지만 필요한 요소다

학생들은 꾸준히 참여시키기가 어려운 그룹이다. 앱스토어에만 수십만 가지의 다른 방해요소가 있는 시대에 학생들을 끌어들이기는 어렵다.

게임을 하는 동안 학생들은 좋은 질문을 찾기 위해 서로의 제안을 읽고 상의하고 결정을 내려야 했다. 이것은 그들에게 성가신 일이었지만 학습 과정의 일부였다. 학생들은 진지한 토론을 할 수 있어야 했다. 토론이 게임 내에서 간단하고 효과적으로 운영되는 것도 중요했다. 이를 위해서는 사용자 컨텍스트를 잘 이해하는 것이 필수적이다. 언제 어디서 게임을 할지 알 수 없다면 시스템이 제대로 기여할 수 없다.

처음 게임이 출시될 때에는 학생들이 주로 식당에서 게임을 하는지 아니면 집에서 개별적으로 하는지 정보가 없었다. 토론을 위해 별도의 왓츠앱 그룹을 만들자는 제안도 있었는데, 결국 게임 내에서 채팅 화면을 구축하여 학생들이 상담할 수 있도록 했다.

❸ 유형 가치와의 연계가 중요하다

지난 5번의 출시 동안 게임 내 성과와 외부의 보상(학점) 사이에는 아무런 연계가 없었다. 이것은 시스템의 약점이다. 게임이 긍정적인 평가를 받았는지 여부와 상관없이, 학생들은 오직 한 가지 이유, 즉 학점을 취득하는 것 때문에 학교에 있었다. 그 자체가 이미 게임처럼 보인다. 물론, 이 게임은 학생들이 더 재미있고 효과적인 방법으로 학습을 하도록 돕지만, 실제 학습과의 격차가 크다는 점도 생각해 볼 필요가 있다.

공부를 하려면 당연히 교재가 필요하다. 그리고 많은 교사들은 아는 것을 가르쳐야만 한다고 생각한다. 하지만 지금은 시대가 다르다. 우리는 모든 정보가 인터넷에 있는 세상에 살고 있다. 그렇다면 공부에 대한 접근 방식도 달리할 필요가 있다. 교사가 직접 모든 것을 알려주기보다는 어떤 지식이 올바르고, 어떤 지식에 의문을 가져야 하는지 알려주는 게 더 효과적이지 않을까? 대학 수업을 배우는 4년 동안 지식을 전달하고 테스트하는 게임화 시스템이 있다면 더 편리하지 않을까? 그러면 교사의 역할도 달라진다. 교사들은 축구 경기장의 심판처럼 경기를 감독하기만 하면 된다. 코치의 역할을 수행할 수도 있지만 학생들에게 축구를 가르쳐서는 안 된다. 최대한 학생들이 더 효과적으로 배우고 학습할 수 있도록 도와야 한다.

현실에 미친 영향

게임이 현실에 미친 영향은 인상적이었다. 응용과학 대학에서 해마다 학생의 중퇴율이 감소했는지 조사했는데 실제로 변화가 있었다. 중퇴율은 평균적으로 전년 대비 평균 20% 가까이 감소했다. 학생들의 평균 성적도 올랐는데, 특히 이 게임을 하는 학생들은 훨씬 더 높은 점수를 받았다. 게임만이 이러한 변화를 가져오는 것은 아니다. 게임의 규칙에서 영감을 받은 학생들은 작은 팀을 만들어 학습에 활용했다. 게다가 더욱 학생들의 진행 상황을 더욱 빠르게 파악하고 대응하기 위해서 학업 진로 상담사가 임명되었다.

이익 vs 비용

응용과학 대학의 예산은 상대적으로 적기 때문에 이 게임은 결국 최소 100명 이상의 학생을 대상으로 한다는 조건으로, 학생 한 명당 고정 금액을 제공했다. 응용과학 대학의 중퇴율은 연평균 50%다. 학교는 교원급여, 건물 및 IT 유지관리 등을 위해 정부로부터 학생 한 명당 매년 6,000유로의 기부금을 받는다. 하지만 이상하게도 그들의 비즈니스 모델은 주로 가능한 한 많은 학생을 유치하는 데 목표를 두고 있을 뿐, 그들을 졸업시키거나 수료시키는 데는 목표를 두지 않는다. 200명의 신입생이 있는 응용과학 대학에서 우리가 제공한 게임을 효과적으로 활용할 경우에는 많은 비용을 절약할 수 있다.

게임을 사용하지 않을 경우		비고
학생 수 / 희망하는 라이센스	200	1학년 인원 입력
학생당 기여(기부금)	€6,000	
예산	€1,200,000	
중퇴율(%)	50%	중퇴율 % 입력
연간 과정 비용	**€600,000**	

게임을 사용할 경우		비고
중퇴하는 학생 수	100	
게임 사용으로 인한 중퇴 감소율	20%	
학생당 기여	€1,200,000	
학생당 게임 사용 비용	€50	가격 입력
총 프로그램 사용 비용	€10,000	
연간 절감 비용	**€110,000**	

그림 6.11   게임화 활용에 따른 잠재 비용 비교

계산 근거

1. 게임을 사용하지 않을 경우
  1) 학생수 200명 × 학생당 기부금 6000 유로 = 총 예산 1,200,000 유로
  2) 중퇴율 50% (과정을 못 마친 비율)
  ⇒ 1) × 2) = 1,200,000 유로 × 50% = 600,000 유로가 연간 비용낭비

2. 게임을 사용할 경우
  1) 중퇴하는 학생 수 = 200명 (총 학생수) × 중퇴율 (50%) = 100명
  2) 게임 사용으로 인한 중퇴 감소율 = 20%
  3) 학생당 기여 = 600,000 유로 (위 "1. 게임을 사용하지 않을 경우"의 금액) × 20%
     = 120,000 유로
  4) 학생당 게임 사용 비용 = 50 유로
  5) 총 프로그램 사용 비용 = 50 유로 (4)번) × 200명 (총 학생수) = 10,000 유로
  6) 연간 절감비용 = 120,000 유로 (3)번) - 10,000 유로 (5)번) = 110,000 유로

아마도 앞으로는 모든 대학에서 게임화를 활용하여 더 재미있고 효과적으로 학생들을 교육시킬 것이다. 이것이 효과가 있다는 사실은 이미 여러 교육기관을 통해 증명되었다. 아직까지 이 방법을 시도하지 않는 다른 교육 기관들의 도전이 필요하다.

Level Up

Level 6 요약 – 변화를 시작하라!

이번 장에서는 다양한 조직에 변화를 가져오거나 구조적 개선을 가능하게 한 게임화 시스템, 기능성 게임을 알아보았다.

한 대형 모바일 사업장에서는 1,200명의 영업 사원들에게 피드백을 줄 수 있는 게임을 활용했다. 이 게임이 제공하는 시스템 덕분에 직원들은 매일 피드백을 제공하고 서로를 자극할 수 있었다.

4,500명 이상의 직원이 근무하는 대형 케이블 사업체는 수년 동안 다양한 변화 문제에 대체하기 위해 기능성 게임을 사용해 왔다. 이 게임은 기업 윤리의 활성화, 다양한 목표 그룹에 대한 직원들의 지식 테스트, 고객과 접촉하여 원하는 성과를 이끌어 낼 수 있는 여러 방법들을 포함한다. 게임화

과정을 도입한 후 기업의 실제 매출은 16% 상승했다.

대형 국제공항을 담당하는 물류 회사는 게임화를 통해 전체 산업의 협업에 대한 통찰력을 얻었다. 제공된 게임은 조감하는 시점에서 녹색과 빨간색으로 물류의 상태를 구분하게 하고 상호 소통을 하는 방식을 보여준다. 500개 업체에 달하는 회사 직원들이 6주 동안 평균 3회, 회당 30분 이상 이 게임을 플레이했다. 그 결과 이 물류 회사는 위기 상황에도 불구하고, 6.5%의 성장을 기록했다.

마지막으로 응용과학 대학에선 1학년 학생들이 바로 공부를 시작하도록 돕는 게임을 활용했다. 이 게임을 도입한 결과 학생들의 중퇴율은 거의 20% 가까이 감소했다. 이것은 비용 면에서도 대학에 유리한 결과를 가져다주었다. 200명의 학생들로 구성된 강좌에서 연간 약 20만 유로의 비용 절감이 가능했고, 게임 유지 비용은 같은 기간 동안 절반에 불과했다. 이는 매 학기에 50% 중퇴율 해결에 기여한 것이고 3년에 걸쳐서 계산하면 약 300%(50% × 6학기) 효과를 본 것이다.

이처럼 기능성 게임과 게임화 시스템은 조직의 목표에 매우 확실한 기여를 할 수 있다. 조언하자면 작게 시작하여 무엇이 효과가 있는지 파악하고, 그것을 최적으로 적용할 수 있는 시스템을 몇 개월, 몇 년 동안 계속 개발하라는 것이다. 게임 개발이 한두 번의 버튼 설치로 끝나는 것이 아닌 것처럼 조직도 지속적으로 개선되는 상태를 유지해야 한다.

게임은 사람들의 행동을 바꾸는 데 사용될 수 있다. 게임 메커니즘이 우리의 동기 부여와 변화에 미치는 영향은 명백하다. 디지털 수단의 가장 큰 장점은 측정 가능성이다. 사람들이 매일 그들의 행동에 대해 서로 피드백을 주는지 어떻게 알 수 있는가? 당신이 방금 설명한 것을 사람들이 이해하는지 어떻게 알 수 있는가? 이번 장의 실제 예들은 게임화 시스템으로 피드백을 제공했을 때 어떻게 행동이 정량적으로 측정될 수 있지는 보여주고 있다.

지금까지 설명한 모든 것은 2010년부터 2018년에 걸쳐 브랜드뉴게임(BrandNewGame)이 파트너와 함께 개발한 실제 게임 사례다.

조직을 변화시키는 가장 좋은 방법은 무엇일까? 레벨 7의 로드맵을 활용하여 변화를 일으키는 게임 체인저가 되길 바란다.

LEVEL 7

판도를 바꾸다

"사람들이 뛰어난 성적을 거둘 수 있도록 동기를 부여하라."

게임 플랜을 사용하면 조직의 변화 역량을 구조적으로 향상시킬 수 있다. 이상적으로는 조직의 부서 구조를 목표 피라미드에 정의된 목표에 맞춰 행동 루프로 변환하는 것이 좋다.

다양한 목표, 도전, 과제를 담당하는 팀은 게임스톰 방법론을 사용하여 매 분기마다 개선 행동을 수립하고 구현할 수 있다. 이렇게 하면 구조적으로 조직의 변화 역량을 개선시킬 수 있는 업무 방식이 만들어진다.

Level 7.1 한 번 더 게임 플랜

기억을 되살리기 위해 게임 계획의 다섯 단계를 다시 한 번 소개한다.

❶ 목표

조직이 추구하는 더 높은 목표, 세계에 미치는 영향 또는 결과는 무엇인가? 그것을 달성하기 위한 과제는 무엇인가? 더 많은 매출과 더 낮은 비용으로 플레이하는가? 이것은 어떤 방법으로 달성할 수 있는가? 지금 가능하지 않다면 그 이유는 무엇인가? 어떤 장애물이나 도전이 있는가? 우리는 이를 개선하기 위해 어떻게 구체적인 목표로 바꿀 수 있는가?

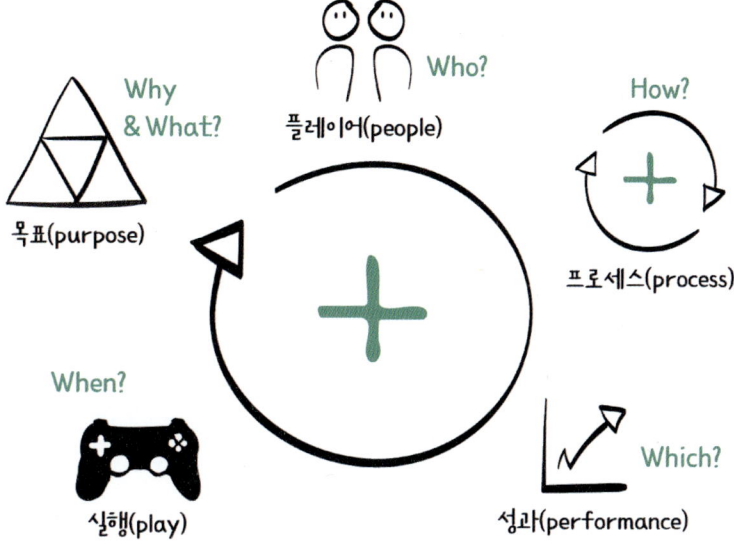

그림 7.1 게임 플랜

❷ 플레이어

목적에 적극적으로 기여하기 위해 사람들은 무엇을 해야 하는가? 그들은 그룹의 내부에 있는가, 아니면 외부에 있는가? 경기장에서 플레이어(내부 및 외부)는 프로세스에 연결된다.

❸ 프로세스

어떤 프로세스가 목표에 기여하는가? 조직의 주요 프로세스는 주요 목표와 과제에 어떻게 기여할 수 있는가? 조직은 지속적인 발전을 달성하기 위해 진행 루프를 최적화할 수 있다.

❹ 성과

목표를 달성하고 장애물을 극복하기 위해 필요한 행동 변화 프로세스는 무엇인가? 게임스톰 방법론은 이 질문의 답을 찾는 데 도움을 준다. 게임스톰에선 '시작'과 '정지'로 구분된 상위 9개의 행동이 각각 테이블에 올라온다. 고급 플레이어라면 경기 반나절 후에 재무 추정치(잠재적 진행 상황 예측)가 포함된 사업 계획도 올릴 수 있다. 언급된 행동들은 어떤 과정에 긍정적 또는 부정적 기여를 하는가? 개선을 위해 세워진 피드백은 무엇에 관한 것인가?

❺ 실행

어떻게 하면 사람들이 목표를 달성하고 지속적으로 행동하도록 동기부여를 줄 수 있을까? 각 개인에겐 어떤 동기가 작용하며 우리는 이것에 어떻게 대응해야 할까? 기능성 게임과 게임화 시스템을 적용하면 사람들의 행동을 이끌어 낼 수 있다.

Level 7.2 플레이어, 목표, 성과

변화의 첫 단계는 개선을 담당하는 직원 6명과 함께 게임스톰을 시작하는 것이다. 당신은 비즈니스 경기장에서 어떤 이해관계자가 영향을 받을 필요가 있는지 결정해야 한다. 이에 중요한 두 가지 질문은 다음과 같다.

- 그들은 조직 내부에 있는가, 외부에 있는가?
- 판매량 또는 비용에 영향을 미치기를 원하는가?

조언 1

대상 그룹을 질적인 면(그들은 누구이며 욕구와 동기는 무엇인가?)과 양적인 면(얼마나 많은가?)에서 가능한 한 완전히 정의한다.

조언 2

목적, 목표, 과제를 최대한 구체적으로 정의한다.
이것은 두 가지 방향으로 가능하다.

+/+ 대상 그룹이 현재 [날짜] 및 [날짜] 내에 다음 작업을 수행하므로 매출액이 [% 또는 금액] 만큼 증가한다. [게임스톰에서 이어지는 행동 시작]

-/- 대상 그룹이 현재 [날짜] 및 [날짜] 내에 다음을 수행할 것이기 때문에 비용은 [% 또는 금액] 만큼 감소한다. [게임스톰에서 이어지는 행동 시작]

---

* +/+: 매출 증가로 인해서 대차대조표 상의 대변 금액 증가 및 손익계산서 상의 매출과 이익 증가 -/-: 비용 감소로 인해서 대차대조표 상의 차변 금액 감소 및 손익계산서 상의 비용 감소

결정된 목표를 기반으로 게임스톰을 플레이하고, 가장 중요한 3가지 과제를 정의하고, 창조자와 파괴자 2개의 팀으로 나눈다.

1. 현재 어떤 행동이 이러한 장애물을 지속시키는가? - 파괴적 행동
2. 이러한 장애물을 제거할 수 있는 바람직한 행동은 무엇인가? - 창조적 행동

30분 동안 장애물에 관해 많은 생각을 해야 한다. 장애물을 하나씩 처리하고 장애물당 최소 9개의 행동을 공식화해야 한다. 작업은 광범위하게 해석될 수 있다.

정의된 대상 그룹에 현재 무엇이 부족한가? 사람들이 하지 않는 것이 있는가?

- 원하다(유용성, 필요성, 동기)
- 알다(지식, 통찰력, 인식)
- 가능하다(역량, 신체 능력, 재능, 기술)
- 도전하다(용기, 신뢰)

좋은 행동은 구체적이고 실행이 가능한 것으로 정의되어야 한다. 단순히 더 많이 함께 일해야 한다는 식으론 안 된다. 예를 들어 다음처럼 정의할 수 있다. "이제부터 우리는 4명씩 팀을 이루어 공통 목표를 세우고, 매주 왓츠

앱을 이용해 적극적으로 피드백을 제공할 것이다."

30분 후에 다시 함께 모여 90초 이내에 장애물당 공식화된 행동을 제시한다. 파괴자가 먼저 시작할 수 있다. 창조자에게 자신의 행동을 보여주고, 창조자는 그 가운데 3가지를 선택할 수 있다. 그런 다음 창조자들은 파괴자에게 해결책을 제시한다. 또한 장애물을 제거하는 데 가장 큰 영향을 미칠 것으로 생각되는 3가지 해결책을 선택할 수 있다. 이 프로세스는 세 가지 장애물 각각에 대해 수행된다. 총 9개의 정지 동작과 9개의 시작 동작이 완료되는 즉시 테이블 위에 올려놓고 그것들을 우선순위로 번호를 매긴다.

가장 중요하다고 생각되는 것이 1번, 그 다음이 2번이 될 것이다. 번호는 그것들이 해결되는 주간을 의미하고 기산은 그날부터 시작된다. 따라서 가장 중요하다고(또는 가장 재미있다고) 선택된 행동은 9주에 걸쳐 진행이 가능하다. 그 다음 순위부터는 1주씩 차감되므로, 현명하게 선택해야 한다.

다음으로, 행동은 현재 참석한 사람들이 수행해야 한다. 자신이 생각해 낸 행동을 하는 게 좋지만 정하기가 어려울 경우에는 제비뽑기를 할 수도 있다. 또한 부서 또는 프로세스별로 작업을 할당할 수도 있다(기획, 제작, 판매, 개선). 앞으로 9주 동안, 언급된 9개의 중지 행동들이 결론지어져야 하고, 9개의 시작 행동들이 실행에 옮겨져야 한다.

다음, SMART 목표 정의 방법에 따라 9주 후 또는 9개월 후에 성과를 측정할 수 있다. 게임스톰은 분기마다 실행될 때 가장 효과적으로 작동한다.

게임스톰의 마지막 단계는 변경된 행동의 영향을 계산하는 것이다. 가능한 한 운영적 관점에서 생각할 필요가 있다. 다음과 같이 변경 작업의 잠재적 진행의 합을 계산한다.

상위 9개 시작 행동의 기여 + 상위 9개 정지 행동의 기여 = 잠재적 진행의 합

운영 관점에서의 계산은 다음 예에서 살펴볼 수 있다.

"웃으며 고객과 대화를 시작하십시오. 그 결과 물건을 사지 않고 그냥 나가는 고객을 일주일에 1명은 줄일 수 있습니다."

주별 고객 1명(52주) × 영수증 금액 × 상점 수 = 1 × 52 × 200 × 200 = 200만 유로(연간)

공식화된 행동이 어떤 결과를 가져올지 생각하고, 그 결과를 연간 유로로 계산해 보길 바란다.

Level 7.3 목표 피라미드를 이용한 점수 모델 결정(이전)

목표 피라미드는 맨 아래부터 상향식으로 완성하는 것이 가장 좋다. 각 직원은 그날 아침 왜 침대에서 일어났는지 포스트잇에 적을 수 있다. 물론 엑셀과 같은 디지털 도구를 사용해도 괜찮다. 그 후에 각 개인 임무 즉, '왜 침대에서 일어났는가'의 기여도를 점수로 계산한다. 이는 모든 임무 설명의 의존성과 결과를 시각화하기 위한 것이다. 단순하게 말하자면, 적시의 적합한 제품 유통채널상의 공급자 및 소비자에 대한 올바른 정보 덕분에, 궁극적으로 이해관계자들이 행복해지는 것이다.

이것은 좋은 평판을 가진 강력하고 매력적인 브랜드를 만든다. 그 결과, 비즈니스 관계에서 긍정적인 추천을 많이 받게 된다.

게임스톰은 조직 내 어떤 단계에서도 상향식과 하향식 모두를 플레이할 수 있다. 첫 번째 경우에는 운영 단계에서, 두 번째 경우에는 전략 단계에서 게임스톰을 시작한다. 하향식 게임에서는 계층 조직 구조상의 부서나 직원들의 결과적인 행동들이 종종 목표가 된다; 행동 루프 지향 조직에서는 결과적인 행동들이 기능적 계층을 형성하는 장기목표, 과제, 개인목표가 된다.

Level 7.4 프로세스 최적화(지금)

게임스톰에서 지정한 변경 조치에 따라 특정 부서나 프로세스는 개선될 것이다. 이것은 진행 루프의 외부 또는 내부 프로세스일 수 있다. 이상적으로는 부서들은 부서끼리 일을 해야 하고 설정된 목표, 도전을 위해 작업을 중단할 수 있어야 한다.

진행 루프의 어떤 측면이 아직 피드백을 받지 못했거나 너무 적게 받고 있는지, 피드백이 이미 영향을 미치고 있는지 여부를 비판적으로 검토할 수 있다. 가령 이런 식이다.

추천고객지수(NPS)가 측정되는 것은 좋지만, 결과나 매출에 어떤 영향을 주는 것이 분명합니까? 그렇다면 부정적인 소비자 피드백은 어느 정도 개선이 될까요? 누가 이에 대한 책임이 있으며, 이 개선은 구조적으로 진행되고 있습니까?

각 프로세스에서 작업(이전), 구현(지금), 후속 조치(이후)의 준비를 고려해야 한다. 필요한 사람들(사상가, 상인, 판매자, 개선자)을 적재적소에 배치하여 자신의 역량을 최대한 활용할 수 있도록 해야 한다. 또한 피드백을 분류하고 계량화할 수 있어야 한다. 신호등 방법론은 질적 피드백을 구조적으로 사용하는 데 도움이 될 수 있다.

Level 7.5 성과 측정 개선(이후)

성과는 원하는 수준에서 언제든지 원하는 방식으로 측정할 수 있다. 이상적인 목표 피라미드는 설정된 목표에 대해 9개 이하의 점수 지표를 가진다. 게임스톰 과정 동안 과제와 변경 동작의 성과를 확인할 수 있다.

피드백의 성과는 목표 피라미드와 비교된다. 성과 측정은 목표, 과제의 SMART 과정 중에 이루어져야 한다. 개선이 필요한 행동은 새 게임스톰을 통해 다시 결정할 수 있다.

Level Up

?!

개선 작업은 항상 게임스톰을 기반으로 정의된다. 구태의연한 행동을 깨닫고 새로운 행동을 배우기 위해 응용 게임, 게임화 시스템을 사용할 수 있다.

적극적으로 당신의 게임 플랜을 그려보고, 어떻게 성공적으로 구축할 수 있을지 배우길 원하십니까? 그렇다면 게임화 아카데미를 통해서 저에게 연락하세요. bart@brandnewgame.com으로 이메일을 보내시면, 기쁜 마음으로 게임 플랜을 알려드릴 것입니다.

다양한 실제 사례들에 관한 더 많은 정보는 www.brandnewgame.com 또는 www.gamificationacademy.com 또는 저의 유튜브 채널 www.youtube.com/barthufen 에서 찾을 수 있습니다.

마지막으로 저의 조용하면서도 신속하고 대단한 번역가이자, 게임화 전문가이자, 〈Press Play〉의 공저자인 Albert van der Meer에게 특별히 감사를 드립니다!

지은이 바트 후펜 (Bart Hufen)
네덜란드 출생으로, 글로벌 게임회사 아타리(Atari)와 의류브랜드 디젤(Diesel)을 거쳐, 2009년부터 자신의 게이미피케이션 전문 회사인 〈브랜드뉴게임〉을 설립하여, 국제적으로 다양한 게이미피케이션 프로젝트와 강의활동을 하고 있다.

옮긴이 이동현
미국 뉴욕대학교 스턴비즈니스스쿨(NYU Stern School of Business)에서 MBA (Finance)를 졸업했다. 게이미피케이션, 금융경제, 경영관련 책들을 번역하고 있다.

게이미피케이션 - 변화를 위한 최고의 엔진

초판 1쇄 발행   2022년 2월 21일

지 은 이	바트 후펜
옮 긴 이	이동현
펴 낸 이	석주원
펴 낸 곳	히어로즈북
출판등록	제2021-000043호
책임편집	박대호
편 집	노유래 김태규
주 소	서울시 성동구 왕십리로 326 8층
홈페이지	www.kgi.ai
대표전화	070-4513-0900
I S B N	979-11-974924-0-2(13320)

Copyrtight ⓒ 2016 Bart Hufen
All rights reserved.
Korean edition copyright ⓒ 2022 Korea Gamification Institute, Inc.
이 책의 한국어판 저작권은 STAR ELEMENT 에이전시를 통한 저작권자와의 독점계약으로 히어로즈북에 있습니다. 저작권법에 의해 한국 내에서 보호를 받는 저작물이므로 무단전재와 복제를 금합니다.